どや、どや、どや

絵のみち食のみち奮闘記

洪《ホン》性《ソン》翊《イク》

聞き手 川瀬俊治

東方出版

1991年—2019年

カンガンスゥオレ（踊り） 227.3×181.8cm 1993年

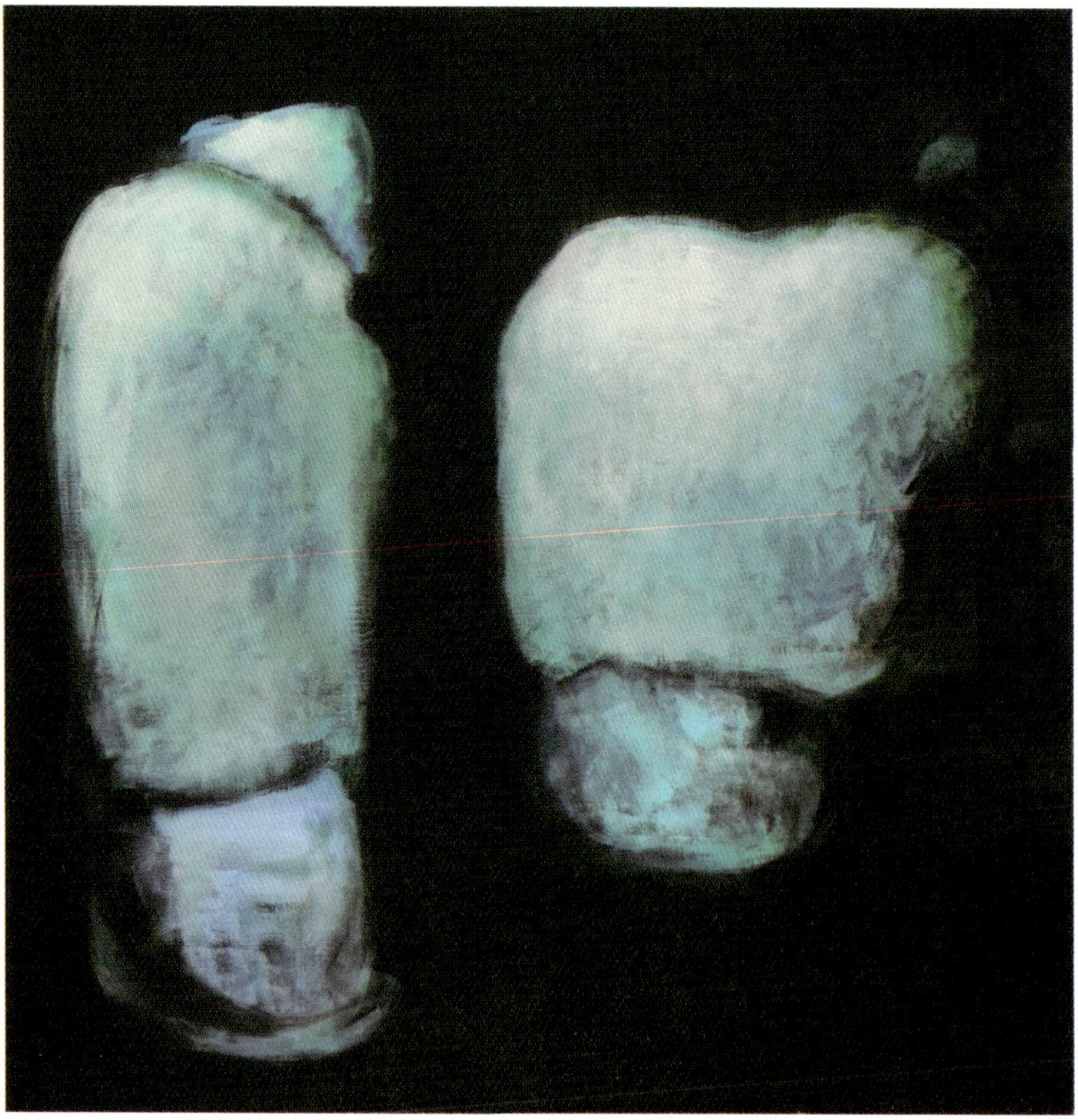

無題　116.7×116.7cm　2019年

嘘と真実 1　116.7×116.7cm　2019 年

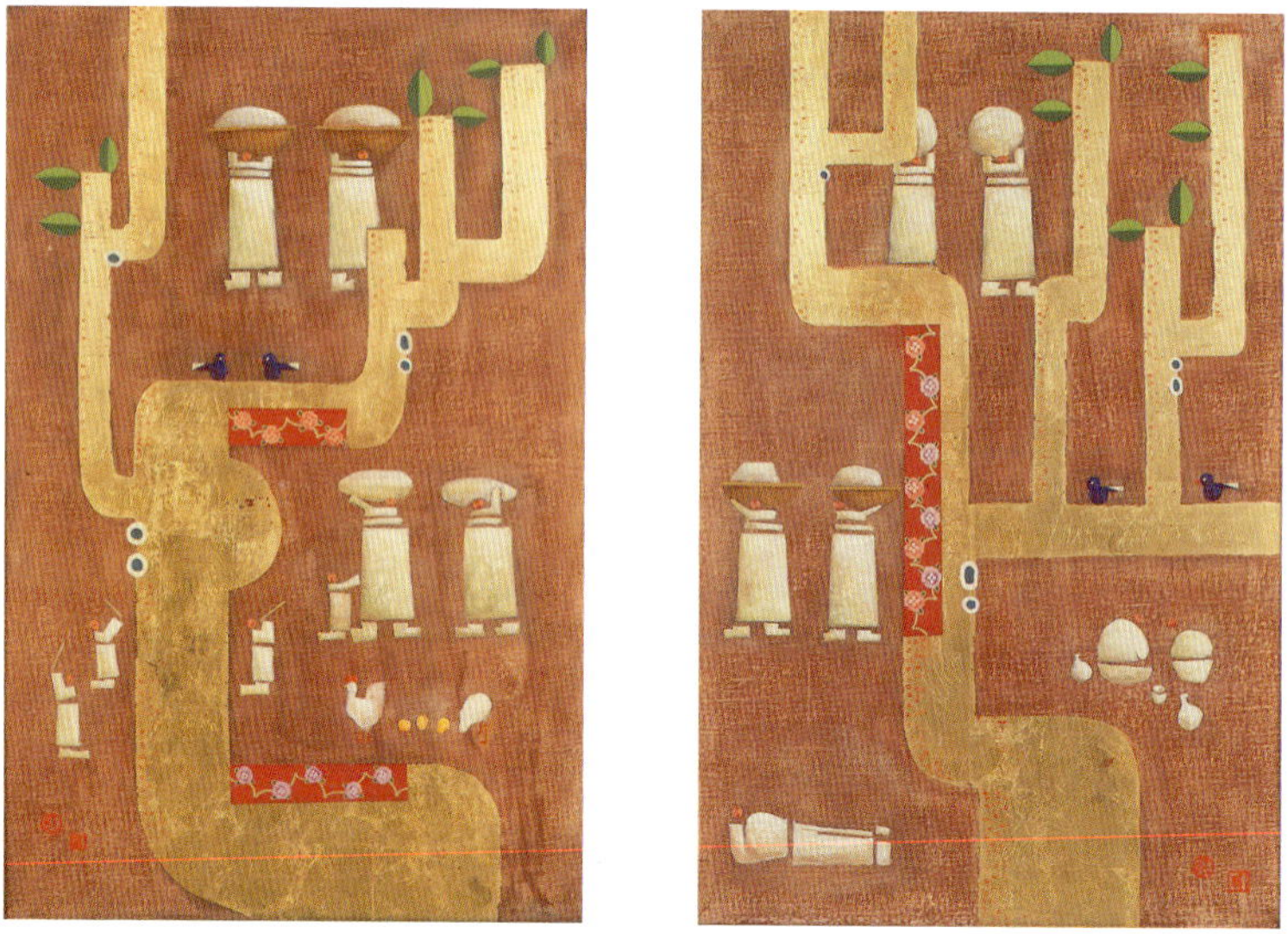

生きる　162×130.2cm ×2　1993 年

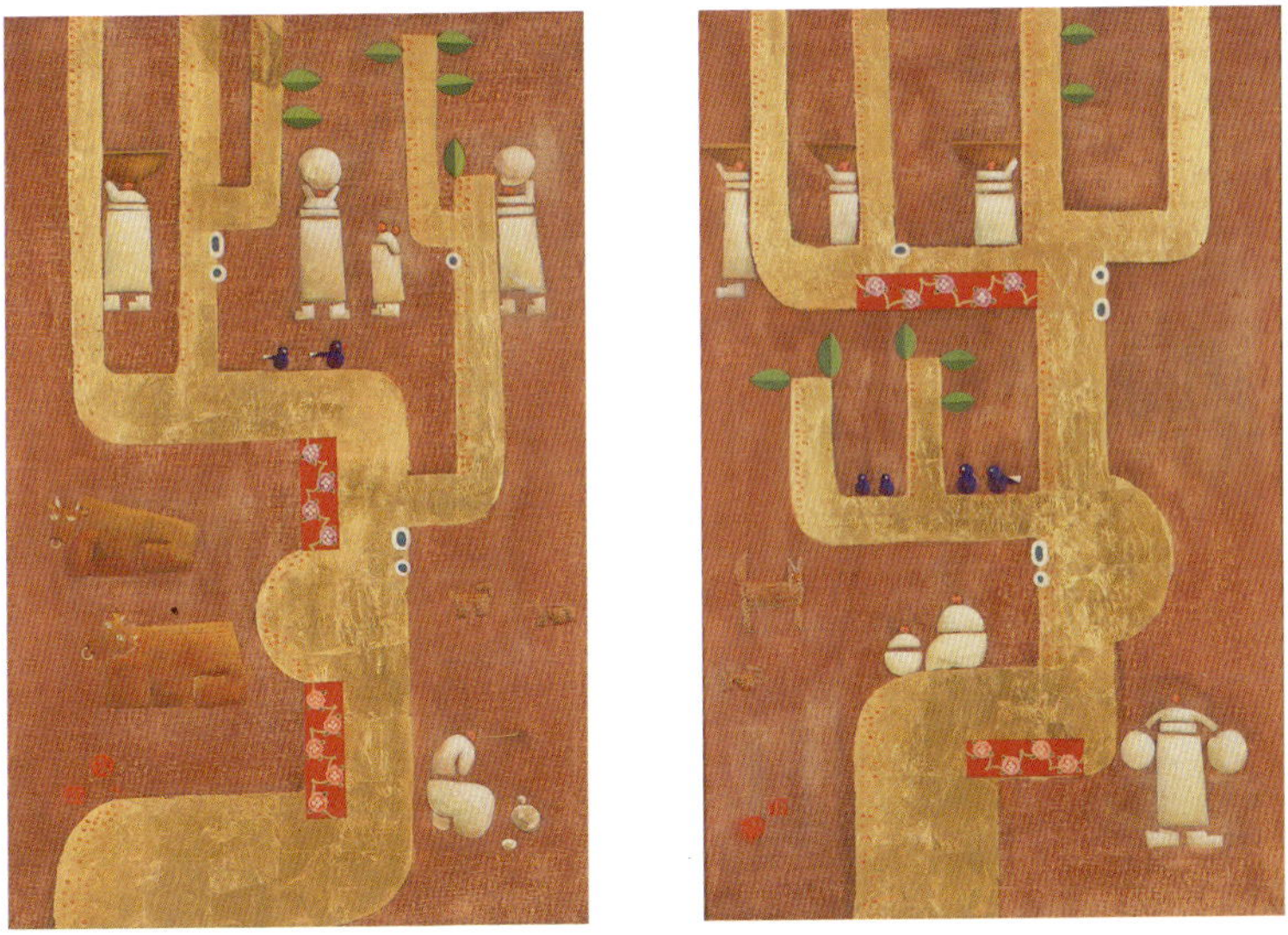

生きる　162×130.2cm ×2　1993 年

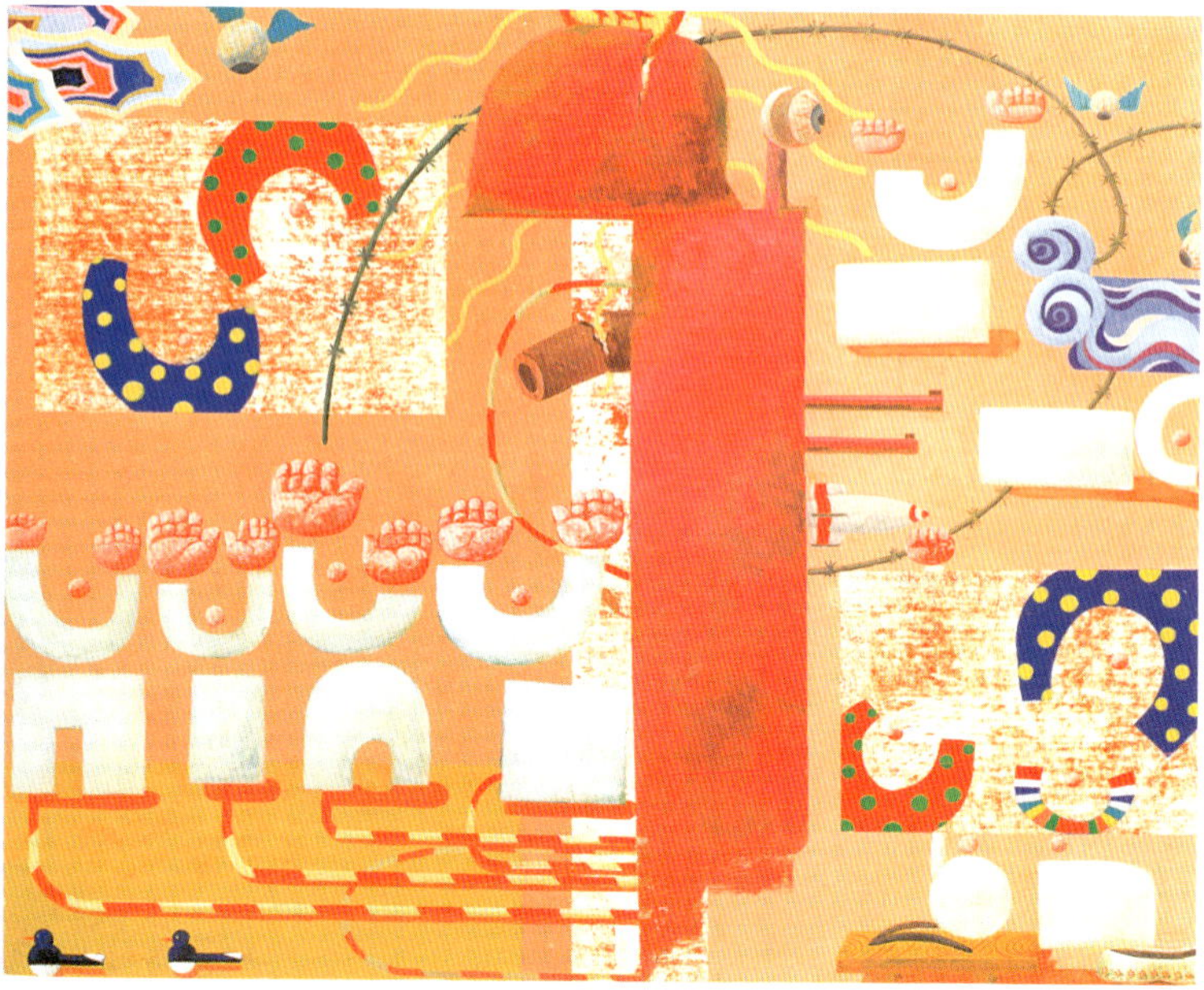

生きる　116.7×91cm　1993 年

生きる　194×162cm　1993 年

カンガンスゥオレ（踊り） 116.7×116.7cm 1991 年

まえがき

「あれ、なんやろ？」

　ある日、ヒゲ剃りでカミソリを当てると、左喉上部の外皮部に違和感を感じました。妙なシコリがある。どうしたのだろう。おかしい。

　病院で検査してもらうと、下部咽頭ガンの一種（偏平上皮下部咽頭がん）で、「ステージ3」という診断を受けました。

　健康には自信があっただけに、ショックでした。

　手術を受けるまで、放射線治療と抗がん剤投与で八週間治療を受けて、それから手術を受けました。手術は成功しました。

　しかし、いつ再発するかはわかりません。不安感がないと言えば嘘になります。以降、覚悟したのは、いつ終わるかもしれない終活に向き合うことでした。

　残された時間を充実させるために、過ぎ去った半生を記録として残さねばならないと考えるようになり、三〇年以上知己がある編集者・ジャーナリストの川瀬俊治さんに電話しました。

「私の半生の聞き役となって一冊の本にしてもらえないか」。

これが本書を上梓する経過です。

わたしが在日コリアンとして差別に抗して生きてきた歴史、朝鮮の文化でもある食品が日本のなかでどのように定着してきたのか、南北での事業、ビジネスの経験、さらに朝鮮大学で金漢文《キム・ハムン》先生と出会って美術の道をたどるようになった軌跡、これらを中心に話をしてまとめる作業をしてきました。

大阪・猪飼野で生まれ育ち、大韓民国のみならず、朝鮮民主主義人民共和国にも渡りました。「朝鮮食品の素晴らしさを紹介したい」と志《こころざし》を立てて、食の安全性の国際基準にもかなった輸出ができればと臨んだことは、得がたい経験になりました。

「在日」三世が日韓朝を行き来して活動した方はそう多くないでしょう。そういう意味でもわたしの半生は記録に残してもいいと考えました。

(株)徳山物産の経営者を二〇一七年に退き、中断していた絵筆を握り始めました。二〇年ぶりになります。生野コリアタウン出身の画家として、これからも作品を制作し続けます。

二〇一九年一一月一九日

洪 性 翊

どや、どや、どや　絵のみち食のみち奮闘記◎目次

凡例

1 話の内容の時期に合わせて、その当時の地名、団体名で記述している。ただしJRは旧国鉄時代も含まれるが、JRで統一している。

2 本書の在日朝鮮人、在日韓国人の記述は、著者が原則として「朝鮮籍」から「韓国籍」に変更した、以前か以降で使い分けている。変更前は在日朝鮮人、変更後は在日韓国人の用語としている。「在日」の記述は、在日朝鮮人、在日韓国人いずれか略称として使用している。どの時期を指すかは記述箇所の時代による。

3 コラム1〜4と脚注は、聞き手の川瀬俊治による。コラムは、特に本書のテーマで深めねばならないものを載せた。脚注の基準は著者の歴史を語るのに欠かせない歴史的事実、深い関心を寄せた「朝鮮戦争」「光州民主抗争」「一九八七年六月の民主化闘争」「朝鮮半島の電力問題の歴史的論及」の四事項は詳しく記述した。ただし、「済州四三」（済州民衆抗争）は第一章「2 済州四三とオモニとアボジ」で著者の父母の体験を記述する過程で述べているので、脚注化していない。

4 漢字の朝鮮語／韓国語読みは、各項の初出ごとに付している。団体などの正式名は（　）で略語を記し、以降は略語のみで記述した。

5 本書は大部分がインタビューで構成したものであり、書籍に依拠したものは、文中に著者、書籍名を明記しており、特別に参考文献としてあげなかった。

第一章

わたしの原点

1　父母を、わたしを語る

猪飼野で生まれ育つ

わたしは「日本の中の朝鮮」といわれる在日朝鮮人が多く住む大阪市の猪飼野《いかいの》*（現生野区）で一九五六年一一月一九日に生まれ、育ち、いまもそこで生活しています。猪飼野とは、生野区の平野川を中心とした地域で、約半世紀前の一九七三年二月一日に地名変更で名前が消えたところです。

父洪呂杓《ホン・ヨピョ》、母康在順《カン・ジェス》は、三六年にわたる日本の植民地支配の時代に生まれ（洪呂杓は和歌山県生まれ、康在順は韓国済州島《チェジュド》生まれ、ともに一九四八年四月三日におきた済州島四・三事件（以下、済州四三《チェジュ ササン》）で九死に一生をえてたどりついたのが、この地、大阪・猪飼野でした。

父《アボジ》は一代で韓国食品メーカー株式会社徳山物産（以下、徳山物産）をおこし、二〇一〇年一〇月二七日に八〇歳で他界しました。母《オモニ》は六人の子どもを育て、第一子（長男）がわたしです。

アボジ、オモニが初めて店を構えたのが、*大阪生野コリアタウン（以下、生野コリアタウン）

内の御幸通中央商店街にある徳山商店です。オモニはいまも毎日のように店頭に出ています。朝八時には四キロの散歩に出かけたあと、店の奥に座り、何がしかの作業をしています。

このあいだも、キムバブ（朝鮮の海苔巻き）六〇〇本を店の奥で巻きました。「もうキムバブ用の海苔がない。早く手配しいや」と言っていました。

わたしはアボジから徳山物産社長を受け継ぎ、二〇一七年、六一歳で経営から退きました。社長をつとめた二〇年間、韓国餅の一種のトック（スープ餅）、冷麺の工場を韓国で稼働させたほか、韓国海苔（味付け海苔）の製造、販売を韓国で軌道に乗せ、マッコリ、即席麺などを日本に逆輸入（本来日本で製造、販売する韓国食品を韓国で製造し日本に輸入）、業務用食品のキムチなども販売することで経営の安定化に没頭してきました。

いま社長業を引退して思うことは、済州島の食文化があってこそ家業に受け継がれ、家業があってこそ、わたしが絵画の世界にのめり込むことができたことです。

現在、二〇年間の空白を経て再び絵筆をにぎるようになり、猪飼野に生まれ育ったこと、「在日」であること、韓国での四半世紀の生活、韓国食品業界での有為転変が、ぐるぐると頭のなかを巡っています。

猪飼野――大阪市生野区を南北に流れる新平野川に沿った東西四〇・八キロメートル、南北一・九キロメートルの地域を指す。朝鮮人が多数住み、一九二〇年代後半に形成された朝鮮市場は朝鮮の人びとの食と衣、日常雑貨を求める場として発展した。猪飼野の形成については「コラム1」参照。

大阪生野コリアタウン――JR鶴橋駅から東南約一・五キロの御幸森神社北側の通り東西約五〇〇メートルにわたり広がる三商店街からなる地域。キムチなどの朝鮮食品店、Kポップのグッズ店、韓国で流行の菓子、食堂など約一三〇店舗を数える。形成過程は「コラム2」参照。

2　済州四・三とオモニとアボジ

「朝鮮籍」画家の韓国初の入国

わたしがアボジ、オモニの故郷、済州島《チェジュド》を初めて訪れたのは、ロッテワールド内のロッテミュージアムの個展が契機でした。

一九八九年一月に韓国ソウル市江南区蚕室《チャムシル》にロッテワールドがオープンし、同時にロッテワールド内のロッテミュージアムが開館、その記念で開かれたのが、ロッテミュージアムの個展でした。

小、中、高、大学まで朝鮮学校に学び、本格的には大阪市立美術研究所（以下、研究所）に通い絵画の基礎を学んできました。一九八八年四月、「祈り」と題した初の個展を大阪で開き、六日間の開催で一五〇〇人もの方が来られるほど好評でした。そしてそのうちの一人、大阪大学の韓国人留学生尹《ユン》ジェヒョンさんが「祈り」の作品の前に立ち、「こうした絵画はこれまで観たことありません。韓国の人に紹介したい」と述べたのがロッテミュージアムの個展開催のきっかけになりました。

尹さんの母校である慶北《キョンボク》大学姜《カン》ウムン学長とともに実現に尽力くださり、ロッテミュージアムの個展が実現したのです。

ただ、わたしは在日朝鮮人の中でも「朝鮮籍」でしたから、韓国に入れるなど考えもしませんでした。そういう意味では、韓国は思い描いてきた「想像の国」でした。

開催に先立ち訪韓することになり、伊丹空港を飛び立ちソウルの金浦《キンポ》空港に向かったのですが、不安を抱いて指定席に座ったことです。横に座ったのは、大阪大学の留学生尹ジェヒョンさんでした。彼が横にいることで何一つ疑うことなどないのですが、何かの陰謀があり飛行機が爆発してわたしが実行犯にされないか、という不安がよぎりました。

〈朝鮮籍だからいくらでも引っ掛けられる、仕立て上げられる。尹さんがいるだけでは、とても安心できない〉

これは韓国への不信感です。今から考えると、本当に笑い話ですが、それだけ緊張して飛行機に乗ったのです。

一九八九年という時代

入国した一九八九年は、過去の軍事政権統治と違った時代に突入していました。一九八七年[*]六月抗争をうけて、民主化の制度が徐々に実現していく草創期の時代でした。

しかし、現代の状況とは大きいな違いがあったのは当然でしょう。言論・表現の自由があったのかというと、そうではありませんでした。北に関係するものは、事前コントロールは美術作品であっても、例外ではありませんでした。

作品は事前に韓国政府に作品リストを提出して許可をとり、滞在二日目には韓国政府文教部にロッテミュージアム職員と出向き協議をしました。作品リストを前にして審査官はこう言いました。「個展が終われば、作品はすべて日本に持ち帰ってください」。北に関係する作品を韓国に残してはいけない、と見ていたのでしょうか。

訪韓前には大阪の韓国領事館ではいろいろ質問されました。「受け入れ先はどこなのか？」「滞在先は？」など質問事項に答えて、用意された書類に必要事項を書き加えて出発しました。

韓国入国のための臨時パスポートの交付を受けたのですが、覚えているのは、水色のパスポートでした。日本に帰れば必ず領事館に報告義務が課せられていました。

「朝鮮籍」で個展を韓国で開くのはわたしが初めてだったと思います。分断された祖国の現実に初めてふれたのです。

「朝鮮籍」と「韓国籍」

「朝鮮籍」者の韓国への入国が難しい（あるいは難しかった）ことについては説明が必要です。

在日朝鮮人で、韓国にルーツを持つ人は、「国籍欄」が「朝鮮籍」、「韓国籍」、そして日本国籍を取得した人になりますが、「朝鮮籍」とは、朝鮮民主主義人民共和国（以下、共和国）の国籍を意味しません。一九四七年五月二日に外国人登録令施行で「国籍欄」が誕生しましたが、在日朝鮮人は「朝鮮」の地域の総称として記載されました。

大韓民国の樹立（一九四八年八月一五日）以後、徐々に「韓国籍」の人が多くなり、日本と韓国が国交を結んだ一九六五年の日韓条約以降、「朝鮮籍」から「韓国籍」に変える人が増えてきました。

わたしが韓国に初めて入国した時代は、「朝鮮籍」者は共和国の支持者と見なされるようになってきたのです。本来意味する地域の総称から大きくはずれてしまったのですが、政治的な色分けが大手を振るうのです。

ただ、わたしは在日本朝鮮人総聯合会（以下、朝鮮総聯）傘下の朝鮮学校で教えていましたから、「朝鮮籍」で朝鮮総聯傘下の組織とはまったく関係ない在日朝鮮人とは大きく異なります。

初めて韓国を訪れて

金浦《キンポ》空港に到着すると、わたしの入国審査（イミグレーション）は他の韓国人とは違っていました。出迎えの人がわたしを見つけると、手招きをしました。韓国政府職員です。

一九八七年六月抗争——全斗煥（チョン・ドゥファン）政権は一九八七年四月、現行憲法で政権委譲をはかろうとしたが、在野各団体が撤回を求め、五月二七日には「民主憲法争取国民運動本部」を発足、朴鍾哲（パク・ジョンチョル）君拷問致死事件などで政権の暴力性批判との運動とも結びつき、六月一〇日には事件のねつ造・隠蔽糾弾などを訴える国民大会を開催。二九日の平和大行進まで独裁打倒、大統領直選制改憲など求め韓国全国で民主化闘争を展開した。二六日のデモは二四〇か所で行われ、政権内部では弾圧での事態収拾を断念、盧泰愚（ノ・テウ）民主正義党代表が「六・二九宣言」を発表するに至った。「宣言」は、大統領直選制への改憲と八八年の平和的政権移譲▼大統領選挙法改正▼金大中（キム・デジュン）赦免復権と時局関連犯の釈放▼言論基本法の廃止、地方駐在記者制の復活などの言論制度の改善など八項目。

別室で簡単な手続きをして金浦空港を出ました。韓国政府が用意した大型リムジンが目に入りました。韓国政府が「北に関係した画家が来る」と警戒をしていたのと、わたしの身の安全を守ることもあったようです。リムジンに乗り込んで、初めて目にするソウルの街は、大阪とそう変わっているとは思いませんでした。

最初の訪問地はソウル市内の国立墓地でした。署名をして、李承晩《イ・スンマン》、朴正熙《パク・チョンヒ》の両大統領の墓に参拝しましたが、複雑な気持ちでした。

翌日は市内にあるサムスン電子を訪れました。韓国の先端産業をPRすることが目的だったのでしょう。在日同胞の墓参団が回る定期コースをたどったと思います。

大阪の領事館で希望として伝えていたアボジ、オモニの故郷・済州島《チェジュド》訪問がかなうことになったのは、滞在三日目でした。

その日の朝、金浦空港から済州空港に到着すると、済州島も韓国政府職員が到着ロビーで待っていて、以降二日間行動をともにしました。

いま、「朝鮮籍」の在日朝鮮人が訪韓しても、三〇年前に体験したようなことはないでしょう。入国した「朝鮮籍」個人に政府職員がつくなど考えられません。

まずはアボジのおばさん（コモ）のもとへ

アボジの故郷は済州島《チェジュド》 朝天面《チョチョンミョン》 新村里《シンチョンリ》でしたが、親類で知った人もほとんどいなかったため、済州市の中心地（現在の旧済州市内にあたる）にある*観徳亭《クアンドクチョン》近くの浄光寺で僧侶をつとめるアボジの父親の妹、洪善伊《ホン・ソニ》、つまりコモハルモニの寺を訪問することにしました。
「コモ」とは、叔母に当たりますが、わたしの叔母ではなく、アボジの叔母なので「コモハルモニ」（日本では大叔母）と呼んでいました。コモハルモニは済州四三《チェジュササン》でアボジを救出（後述）した最大の恩人でした。

寺の境内に立っていたのは、コモハルモニの顔そっくりの石像でした。実物より一〇倍近くもあったでしょうか。信者からは菩薩様、韓国語でポサルニムと呼ばれていましたから、信者が建立したものでしょう。

洪善伊コモハルモニの墓に建つ石像（左）と顕彰碑（右）――済州島朝天面で。

コモハルモニはアボジ洪彦鍾《ホン・ホジョン》、オモニ高蓮花《コ・ヨンファ》の二女で、一九一三年に結婚して八年後の一九二一年に離婚し、その後仏門に入った方です。その入門時が一九三九年ですから、離婚して一八年経過していました。植民地時代の寺の名前は真言宗大師堂でしたから、韓国の寺ではありませんでした。真言宗の開祖弘法大師から名前をとったから大師堂と名付けたようです。

済州四三が起きていた一九四八年七月に、

観徳亭――済州島最古の木造建築物。朝鮮王朝第四代王世宗（セジョン）時代に青少年の練武場として建てられた。韓国の宝物第三二二号に指定されている。

著者が東大阪朝鮮初級学校5年時に写した家族写真。いずれも左側からで、上段は、洪佑杓（叔父）、洪呂杓（父）、中段は高明玉（叔母）、金良能（祖母）、康在順（母）、洪性翊（著者）、下段は洪性敏（いとこ）、洪性徹（いとこ）、洪貞淑（妹）、性昊（四男弟）、性鎮（三男弟）、性佑（二男弟）——カッコ内は著者との続柄。

韓允玉《ハン・インオク》という方が買収し、浄光寺に改称して、コモハルモニに譲渡したのです。韓允玉さんは信者だったのか、僧侶（菩薩様）だったのかはわかりません。

コモハルモニは一九七〇年の大阪万博のころと一〇年ほど前に大阪に来られたことがあり、久しぶりにお会いしました。アボジやオモニの近況を尋ねた会話が続きましたが、わたしが「オモニの故郷、旧左面杏源里《クジャミョンヘンウォンリ》と、アボジの故郷、朝天面新村里に行きます」と話すと、「新村里にはいかなくてもいい」と押し留めたのです。

新村里が故郷であるコモハルモニがなぜそんなことを言ったのか。新村里の洪《ホン》氏一族との交流が希薄になっていたからだったのでしょうか。

コモハルモニはアボジの本籍地である新村里から浄光寺がある済州市健入洞《コンニッドン》に転籍していたので、「アボジの本籍地はこちらだから、新村里に行く必要がない」と言われたのかもしれません。しかし、新村里にはアボジの遠縁にあたる方が住んでおられ、まったく関係が断たれてはいなかったのです。

オモニの生まれ故郷

浄光寺から一時間ほど車に乗り、旧左面杏源里《クジャミョンヘンウォンリ》につきました。海辺に面した小さな漁村でした。砂浜を歩くと、黒い溶岩の塊があらわになっており、沖合いまで続くからでしょうか、海面が真っ黒に見えました。さざ波にときどき顔を出す黒い溶岩石が目に焼き付いています。オモニが「家のすぐ前の浜でワカメを採ったし、海女《あま》もしたよ」と言っていたことが蘇りました。

浜辺から続く一本道を二〇メートルも上がればオモニが育った藁葺《わらぶ》き平屋の家が見えました。オモニがこの家を出てからどれだけの時間が過ぎたでしょうか。

〈よくも朽《く》ち果てることなくかたちをとどめていたことか〉

オモニの母方のいとこ韓《ハン》ジョンプさんに管理していただいたからです。

オモニが育ったのは母方の祖父母であるハラボジ、ハルモニの家でした。オモニのアボジ、わたしの祖父にあたりますが、オモニが母親韓清玉《ハン・チョンオク》のおなかにいる時に亡くなりました。一六歳でした。三一《サミル》独立運動の起きた一九一九年三月一日の二日後、三月三日に生まれ、一九三五年五月二二日に他界しています。

田畑を多く所有していた農家の長男でした。畑仕事に精を出しすぎて過労が嵩じたのか、なぜこんなに早く亡くなったのか、いまとなってはよくわかりません。

同じ杏源里にあるオモニのアボジの弟の息子康正男《カン・ジョンナム》さんが住んでおられ、オモニが育った家の近くの杏源里の自宅にお邪魔しました。済州島ならではの海産物が盛られた皿が食卓に並べられ、済州島のサトリ（方言）を交えた「ヌニ（お姉さん）、チャアリ（元気）、イッスカン（ですか）」のあいさつから始まり、「個展をソウルで開くのか」「大阪での商売はどうか」など会話もはずんだのですが、ひととき間をおいてからです。急に部屋の空気が凍てつくような緊張感が走りました。

「戸を閉めたか」

済州四三《チェジュササン》に話がおよんだことから、康正男さんはあたりを見回してこう注意したのです。家の外には同行の韓国政府職員が立っており、聞き耳を立てていたらいけない、と警戒したようです。

「四三《ササン》で*西北《ソブク》青年会や警察の攻撃を受けた村の住民はどうなったか知っているだろう。役場や警察などの公務員には一切なれなかったのだ。四三で殺されたからパルゲンイ（共産主義者）じゃないか、と見られた。その子、親類だからパルゲンイと関係しているのではないかと、疑われたのだ。また、少しでも関係が疑われると、警察に引っ張られた。四三で犠牲になっていても、遺族は家庭で話すことすらできなかった。事件は終わっていない。」（「済州四三」で統一した用語を使ってきたが、康正男さん証言のまま「四三」とした）

済州四三から四〇年たっても、タブーのままでした。衝撃を受けました。

オモニの母方、韓氏一族には済州四三の被害者はいませんでした。

「韓《ハン》氏はわたしらと待遇が違っていた。安定した職業である公務員になっている。わたしらは公務員なんてとんでもない」。

済州四三は親族も分断していました。

西北青年会——右派組織西北青年会は済州四三で、親日派の治安機構（警察、軍隊）とともに弾圧の一端を担った。李承晩（イ・スンマン）と米軍政がそれを統治に重用した。大量殺戮を招いた焦土化作戦を指示した第九連隊連隊長宋尭讃（ソン・ヨチャン）は大日本帝国軍出身の軍人。さらに朝鮮戦争時に植民地法制である「予備検束」が多用され、島民が拘束・虐殺された歴史を持つ。

コラム 1

猪飼野　一九七三年二月一日に町名変更で公式には消えた地名。猪飼野に朝鮮人が多数住むようになった経緯は本文で記述しているので略す。

●地名変遷——古代には猪甘（いかい）の津と呼ばれ、中世は四天王寺の荘園、猪養野（いかいの）に、近世は摂津国東成郡猪飼野村と、古代から一貫して「いかいの」（猪甘、猪養野、猪飼野）の名前を残してきた。一九三〇年には猪飼野村が猪飼野町になり、一九三二年には猪飼野町が、猪飼野西、猪飼野中、猪飼野東、猪飼野大通の四つに分かれる。

●集住地の形成——猪飼野で朝鮮市場が生まれ、やがて生野コリアタウンに発展する区画整理は、一九一九年に発足した鶴橋耕地整理組合が着手した。鶴橋耕地整理組合は地元の田畑が平野川の浸水で被害を受けてきたことから、組合負担で浸水対策、衛生対策工事で、不規則に並ぶ田畑を統合して整然とした区画整理を目指した。蛇行する平野川対策では、現在、生野コリアタウン東側を南北に流れる平野運河と言われる河川になる新平野川開削にも着手した。大阪府東成郡鶴橋町大字猪飼野（一九二二年～一九二五年）当時の耕地整理予定図があるが、平野川は御幸森神社の西側を蛇行して流れていることがわかる。碁盤の目のように整理された田畑が予定されているが、当時の区画整理担当の大阪市職員は、「仮換地の発表を待ちかねて大正末までには猛烈に建築（長屋建築—引用者補注）が続き、昭和二年までには全域建ち塞がった」（吉田友彦「日本の都市における外国人マイノリティの定住環境確立過程に関する研究——京阪地域における在日韓国・朝鮮人集住地区を事例として」一九九六年一〇月、京都大学博士論文、九一ページ、以下、吉田友彦論文）と証言しており、宅地基盤整備が法律施行（市街地建築物法）を前にして耕地区画に添い長屋建設が進み、人口が密集することにもなった。猪飼野に長屋が多数建ったのは法律施行前に競って、それも狭い耕地区画に建てたことにある。

●猪飼野の消滅——歴史家小山仁示は「猪飼野と平野川」（現代史の目　二六）で、「ある市議会議員は『猪飼野の町名を変える』ことを公約の一つとして当選した。そして。三〇年前、公式に猪飼野という町の名は消えた」(『ヒューマンライツ』(一八七)二〇〇三年一〇月、三九ページ)と書いている。「だが、屈辱と抵抗の、文字どおり血と涙と汗のにじんだような猪飼野という地名が消されて、それで在住韓国・朝鮮人は満足しただろうか。喜んだであろうか」とも書き、猪飼野に住む多くの在日韓国・朝鮮人の意思を聞かなかったところに致命的欠陥があると指摘している。前掲吉田友彦論文では猪飼野消滅について住民に尋ねている。「残すべきだったという意見が、消えてよかったという意見を上回っていた。当地区の旧地名は猪飼野であったが、イメージが悪いという意見があって一九七三(昭和四八)年に改称したのである。地域アイデンティティーを強く意識する商店街だからかもしれないが、猪飼野という地名に否定的なイメージをもつ商店主はそれほど多くなかった」(一二六ページ〜一二七ページ)。㊂

「オモニほど苦労した人はいない」

オモニの父亡きあと、残されたのは、オモニと母親韓清玉《ハン・チョンオク》だけでした。わたしにとって韓清玉はウエハルモニ(母方の祖母)になります。

韓清玉ハルモニはオモニが乳離れしたあと、済州島では食べていけないので、大阪に働き口を求めて渡りました。落ちついたのは大阪の猪飼野でした。

父を亡くし、母からも離れて暮らすことになったオモニは、母方の祖父母のもとに預けられ育ちました。「オモニほど苦労した人はいない。アボジの顔は知らなし、オモニとは二歳くらいで別れ、顔も覚えていないだろう。母方のハラボジ、ハルモニが面倒見てくれたとはいえ、オモニが恋しかったにちがいない」。康正男《カン・ジョンナム》さんは、オモニと年の差が一二、三歳でしたが、オモニのことをよく聞いており、また本当に心配してきたことがよくわかりました。

オモニの母親（韓清玉）は、娘のことを心配して、猪飼野に呼び寄せました。オモニが一六歳のときでした。舟を手配するのにも、相当のお金が必要だったでしょう。

オモニがどのように渡航したかは、のちほど述べます。

猪飼野で再会した母親は再婚しており、新しい父のもとでの気遣い、気苦労は尋常ではなかったと思います。

オモニは満足に教育を受けたわけではありません。韓国語も日本語も満足に読み書きができませんでした。ただ黙々と働くことで生き抜いてきました。その頑張りは、尋常ではなかったようです。母親が生業《なりわい》としていた塩販売の手伝い、衣服の縫い物、海女の仕事と、やれる仕事は何でもしたといいます。

母康在順を育てた祖父、祖母（上から、済州島旧左面杏源里の自宅に保管されている写真から）。

二〇歳のときにアボジと見合いをしていっしょになったのですが、アボジは近くに住んでいたので、まるっきり面識がなかったとは言えないかもしれません。

御幸通中央商店街*の一筋南側の路地に家を構えてからは、早朝からトク（朝鮮餅）作りでした。トクとは朝鮮餅の総称で、そのなかには、トック（スープ餅）、チンパン（蒸しパン）、シルトッ（冠婚葬祭で欠かせない伝統的な餅）、ソンピョン（下に敷いた松の葉の上にあんこが入った餅を蒸したもの。松餅と表記する）などを作りました。

一・二キロほど北東にあるJR鶴橋駅前までは、手押し車でトックなどを運び、アボジの母親金良能《キム・ヤンヌン》ハルモニ（わたしにとっては祖母《ハルモニ》にあたるので金良能ハルモニと呼ぶ）といっしょに路上で朝鮮餅の販売をしました。真夏も真冬も年中路上販売で生活を支えました。

一九六四年に御幸通中央商店街に店を出しました。裏通りにもなる南側の路地から表通りの御幸通中央商店街にやっと店を持てたわけで、そのときの店の名前は、「徳山商店パン餅製作所」

御幸通中央商店街――御幸森神社の参道を隔てたすぐ北側（北東五〇メートル）に鶴橋公設市場が一九二六年に開設された。公設市場は適切な物価で食品を販売するため設けられ、猪飼野公設市場とも呼ばれていた。御幸森神社の参道を中心に公設市場周辺を御幸森商店街と呼んだ。公設市場の裏にあたる南側の路地に朝鮮市場が発達し、それが戦前末期から戦後にかけて表の御幸通商店街に進出、南北に走る一条通りの東側の商店街に朝鮮人が経営者の食品、衣料などの店が多く占めるようになった。一九五一年に朝鮮人商店に対して日本人のための商店街を維持することを目的とした商店作りを提案したが、賛成が得られず商店街が三つに分離した。それが現在の御幸通西商店街、御幸通中央商店会、御幸通東商店会になる。鶴橋公設市場は一九八八年に廃止された（吉田友彦論文、一二三ページ）。大阪生野コリアタウン（コラム2参照）は、この三商店街（商店街の組織は、商店街、商店会と名称は異なる）からなり、御幸森神社参道が源流になる。朝鮮市場が形成された背景は、猪飼野に多くの朝鮮人が住むようになり、商店街が発達した。

の看板を掲げました。「徳山商店」の名前が初めて登場したときです。

ただ、現在の「徳山商店」より西隣りの間口三メートルほどの狭い店でしたが、アボジ、オモニ、金良能ハルモニ、家族一同、朝の餅作りから店頭販売まで、夜遅くまで働き続けました。

南側の路地から移り、店を構えて五年後、店西隣りの開業医原外科が近くに転居することになるのですが、「徳山さんのお母さんほどの働き者は見たことがない。移転するが徳山さんところに移ってもらえれば安心だ」と言われたと聞いています。

優先的に徳山商店に権利を譲渡したことは、本当にありがたいことですが、オモニが朝から晩まで懸命に働いている毎日を見ている人が必ずいるということです。

最近はチャンソリ（独り言）が多くなりましたが、子育てと家業に追われ、いろんなことにひるんでいる余裕もなかったのでしょう。人間の価値は学歴でとてもはかれるものではない。オモニは働きづめの半生で示しました。

惨劇から七〇年をへて

オモニは済州《チェジュ》四三《ササン》で村の虐殺現場に遭遇していました。一三歳のときでした。軍隊が三輪トラックで乗りつけて、銃を乱射し、多数の村人が殺されたといいます。

済州四三は南北を分断する南朝鮮だけの五月一〇日の単独選挙に反対して、南朝鮮労働党が武装蜂起した日が一九四八年四月三日であったことから、四・三事件、あるいは四・三人民抗争、最近では単に済州四三とだけ表わしたりします。事件なのか民主抗争なのか、まだ歴史的に決められないから済州四三という用語が済州島では使われています。

南だけの単独選挙になぜ反対したのかについてですが。単独選挙を実施するとどうなるか。南だけの政治体制を宣言することになります。北緯三八度で分断された南と北が異なる政治体制になること、分断されることに反対したのです。済州島島民は単独選挙に反対し、南朝鮮では唯一選挙が実施されませんでした。

一九四八年七月には国会で李承晩《イ・スンマン》が初代大統領に選ばれ、八月一五日に大韓民国政府樹立を宣言しました。済州四三の渦中でした。

虐殺の証言を子どもらに親たちはあまり語りません。人は記憶の底に押しとどめることで生き抜くことがあるものです。記憶から消し去ろうとするのは、その人にとってとてつもない悲しみというか、衝撃の強さを示しています。

わたしに済州四三の体験についてまとめて話してくれたのは、惨劇から七〇年を経過した二〇一八年三月のことです。事件から五〇年後には、作家高貞子《コウ・ジョンジャ》さん経営の焼肉店「高橋」で話したことがありますが、直接聞いたのは今回が初めてです。

「軍隊が突然やってきた」

軍隊が突然やってきたのは、一九四八年一一月のことでした。

驚いた村民は家に隠れていたのですが、軍隊は人びとを公会堂に集めたといいます。その次の話はあまりにも衝撃的で、想像の域を越えています。

「村に火をつけ、区長（民保団団長）を引きずり出した。それから銃殺した」

オモニは残虐極まりない犯罪を誰がしたか覚えていました。「ソブギの連中や」と話しました。「ソブギ」とは西北青年団を縮めた「西北」を表わしたことばです。「ソブギが来てみんな殺してしまった」。

「イ・スンマン、ヤンバン（李承晩、両班）」ということばは、子ども時代に時々聞きました。済州四三であまり被害を受けずにすんだのかを象徴的に表わした表現だったのかもしれません。単発的に出ることばは、短いだけに象徴的であり、情に深く刻まれるものです。

西北青年団は北朝鮮から追われた人たちが軍隊に採用されて、済州四三で討伐隊*として雇われたのです。オモニが話した村に火をつけたときは、彼らが加わった討伐隊が「焦土化」作戦を立てた時期と合致します。

公会堂前で殺された人は多数で覚えていないそうですが、軍隊はなぜこんな無差別殺戮をしたのでしょうか。誰の指示によるものでしょうか。思いつきで村にやってきて、わけもなく人を殺すことなどありえません。

サンチョン（おじさん）が虐殺された

「暴徒」とは、軍隊、討伐隊からすれば、「パルゲンイ」、共産主義者のことです。村人は毎日、田畑を耕し、海で魚や海藻を採っていただけです。自然のめぐみを糧《かて》につつましく生きてきた人たちです。それが、公会堂前に集められ、銃を突きつけられ、一瞬のうちにいのち*を奪われていったのです。

二回目の体験は軍隊が突然家に入ってきてチャグナアボジ（父親の弟）を撃ったことです。チャグナアボジは、夭折したオモニの父の弟です。軍部が焦土化作戦を断行したころです。

オモニはそのときどうしていたのか。従兄弟らとともに、マリバン（床板）の下に息を潜めて隠れていました。チャグナアボジが身代わりになってくれたのか、軍隊はオモニらに気づくことなく、家から出て行ったといいます。

「チャグナアボジの血がポタリ、ポタリ、ポタリと落ちてきたよ」。マリバンでの恐怖の体験は、「ポタリ、ポタリ」ということばに凝縮していました。大阪朝鮮高級学校時代（以下、大阪朝高）に聞いた「ポタリ、ポタリ」という生々しい表現は、「イ・スンマン、ヤンバン（李承晩、両班）」ということばとともに耳にこびりついています。

討伐隊——証言にある史実と符合すると思われるのは、以下の報告がある。「一一月七日、討伐隊、旧左面杏源里の家屋二〇余棟に放火し、住民一〇余名を銃殺した（済州四三事件真相調査報告書作成企画団執筆『済州四三事件真相調査報告書　日本語版』済州四三事件真相究明及び犠牲者名誉回復委員会、二〇一四年、五七三ページ）

いのちを奪われていった——『済民日報』四・三取材班著、姜聖律（カン・ソンユル）訳『済州島四・三事件』五巻では、「一九四八年一一月一九日午前九時頃、軍人を乗せた三輪トラックが旧左面（クジャミョン）杏源里（ヘンウォンリ）に乗りこんできた。彼らは車から降りると民家に向かって迫撃砲を撃ちまくった。そして迫撃砲の轟音に驚いて逃げまどう住民に向かって銃を乱射し、公会堂の前に集合するよう命令した」（三三ページ）とある。また一九四八年一二月一三日に月汀里（ウルチョンリ）に駐屯していた西北青年会の特設部隊が住民二七名を虐殺したと記述している（三四ページ）。犠牲者一三名は判明しているが、この中に旧左面杏源里で生まれ育った著者の母親康在順（カン・ジェス）さんと同じ「康」姓の方が四名いる。

チャグナアボジは、家のすぐ近くの畑で亡くなっていたということです。瀕死のケガで助けを求めたのでしょう。チャグナアボジは田畑を耕していた農民にすぎませんでした。

夭折したオモニの父とチャグナアボジ、二人の遺骨は、杏源里《ヘンウォンリ》の小高い丘に葬られています。毎年五月に墓参りをしますが、いつも思うことは、「死者は乗り越えられない」ということです。しかし、生きている者は遠くに逝ってしまった死者の無念さ、慟哭から逃れることができないのです。

ですから、墓参りは死者の供養だけではありません。死者の慟哭を聞くことです。わが身を照らすことです。しかし、アボジ、オモニは慟哭を聞くことができますが、わたしは慟哭を押し隠すアボジ、オモニの側で佇んでいるだけではないか。そう反芻します。済州四三は残酷です。

オモニとハラボジ、ハルモニは毎日、遠くはなれた山間部の畑に隠れたといいます。人が踏みしめてできた一本の草の道をずっと歩いて中山間部*まで向かいました。朝早く出て、夜暗くなり家に帰る毎日だったそうです。

夜明けごろ、「バン、バンと銃を撃つ音が聞こえた」。深々とした山あいに響く金属音。遠くで響いたからといっても、夜明けを待って動き出せなかったと言います。

「もし軍人に見つかれば、すぐに殺されたよ」

幸いにも見つからず隠し通せたのですが、オモニの姉さんの夫は田圃《たんぼ》を耕していて討伐隊に殺されました。

オモニに聞くと、「となりの村の月汀里《ウルチョンリ》と杏源里《ヘンウォンリ》の境に学校（旧左面中央国民学校《クジャミョン》）があり、軍人たちはそこに住んでいた。ハルモニは軍人たちがいる宿舎に食糧を持って行き様子をうかがった」。

その時期は村を焼き払ったりしてだいぶたってからだと思います。軍人たちに海でとった海藻のトッ（ヒジキ）、パレ（青海苔）を炊いたものを届けたようです。オモニたちが毎日食べていたものです。ご飯の代わりになったから、それでも軍人たちの胃袋を満たしたのかもしれません。

避難してオモニは対馬を目指したが

大阪に渡って猪飼野の朝鮮市場で塩の販売などで生活を立てていた母親が心配して、「大阪に来なさい」と連絡があったのは、済州四三《チェジュササン》の渦中でした。一五歳のころです。オモニの母親がなぜそうした連絡を入れたのかは、済州四三でチャグナアボジが殺されたりしたことなど惨劇を聞いていたのでしょう。このまま済州島にいては危ないとみたからです。

オモニは手配を受けた済州島のブローカーの舟に乗り込みました。費用は猪飼野の母親が工面したと思われます。

済州島《チェジュド》から乗ったかはわかりませんが、沖合いで魚を釣る小さな漁船のようなものだったようです。目指した先は大阪ではなく、対馬でした。対馬を経て大阪に入る計画だったようです。しかし、シケに遭いエンジンの故障か何かで漂流してしまったのです。

中山間部——海岸部から五キロほど離れた山側に位置する。済州島は海岸部と中山間部に分けられる。

日本の海上保安庁の巡視船が漂流している舟を見つけたのですが、巡視船は「だ捕」して日本の港まで連れて行くこともできたのかもしれません。しかし、韓国の海上保安部の巡視船に引き渡し、舟は釜山港まで曳航されたのです。日本の海上保安庁に発見されなければ遭難していのちの危険があったかもしれません。

それから一年ほどたって、また母親が船を手配しました。今度も同じような小さな舟でした。済州四三から日本に避難するルートは三つほどあったそうですが、瀬戸内海をとおり大阪についたのか、対馬を目指したのかわかりません。玄界灘《ヒョネタン》のシケは多くの避難民を飲み込みましたが、オモニは運が良かったのか、シケにあうこともありませんでした。

一五年ぶりに会った母親は再婚しており、新しい父と新しいきょうだいと同じ屋根で生活することになりました。一六歳のときです。日本語はまったくわからなかったのですが、朝鮮市場の周辺は、朝鮮人が多く、また済州島出身者が大半でしたから、ことばの面では助かったと思います。

オモニの話は朝から晩まで働いたこと以外にないほど、働きづめでした。オモニの母親韓清《ハン・チョン》玉《オク》ハルモニは「ヘニョチエイル」（海女名人）と言われた人ですから、その娘として海女は得意だったと思います。

オモニの外国人登録申請は日本人が保証

二〇歳の時に見合いでアボジの洪呂杓《ホン・ヨ ピョ》と結婚したのですが、アボジは朝鮮総聯の活動に懸命でした。オモニの姑になるアボジの母親金良能《キム・ヤンヌン》ハルモニは、「トックハルマン」という愛称、「トック作りのお婆さん」の意味ですが、朝鮮市場で有名でした。広島朝鮮高級学校（以下、広島朝高）二年のときに七二歳で亡くなりました。葬式の弔辞で「トックハルマン」という名称を初めて聞きました。

トックを作り、手押し車で朝鮮市場、ＪＲ鶴橋駅前の国際市場まで運びました。実はそのハルモニ、オモニの手押し車のトック販売が徳山物産の原点です。

解放（一九四五年八月一五日）後、オモニは金良能ハルモニよりも早く猪飼野に住み始めたのですが、金良能ハルモニが外国人登録証をとる（交付）のに苦労した話は聞かないのに、オモニが外国人登録証を取るのは、どうも簡単ではなかったようです。アボジとの結婚で発給されてもいいのですが、日本人の保証人がいるとのことでした。当時、海女としても働いていたことから、高知の方が保証人になったようです。

子どもを背負って高知まで海人の仕事で働きに行ったと聞いています。その子どもとはわたしだったと思います。高知の網元に当たる方には相当信頼を受けていたのでしょう。そうでないと、外国人登録証で保証人になるなど考えられません。

オモニが済州四三から七〇年になることでインタビューを受け二〇一八年三月二〇日に語った発言があります。

「子どもを大きくすることが精一杯で、高知の方《ほう》で海女《あま》として働いたこともあります。別に四・三のことを話すこともないし、また日本語を覚えたいとも思いませんでした。ナンピョン（夫）

は運動（在日本朝鮮人聯盟）でほとんど家におらず、わたしはとにかく朝から深夜まで働きました。六人の子どもを育てることで懸命でした。」（『抗路』五号〈クレイン、二〇一八年七月二八日刊〉八一ページ）。

「日本語を覚えたいとも思いませんでした」というのは、学ぶ場があっても、仕事が忙しく通えなかったというのが本当でしょう。学校に通い日本語を覚えたかったし、日本語の識字教室が誕生し、また一九六九年以降、大阪市内に夜間中学が開校していくのですが、通えなかったのは子育てと店を切り盛りするためで、とても時間が取れなかったからでしょう。

あとで述べる「成人学校」でウリマル（朝鮮語）を学んだのは、自分を取り戻すためでした。一九五〇年代後半、猪飼野に暮らしていて、第一言語がウリマルだったのかもしれません。

初めて語ったアボジの済州四三

アボジの故郷新村里《シンチョンリ》へは、オモニの親族を訪ねた後、これまでと同じく韓国政府職員とともに訪問しました。八〇を超えたと思われる長老が親族の一人としてお元気であり、オモニの実家訪問のあとお会いすることができました。医者を長年にわたり務められてこられた方でした。わたしがソウルで個展を開くことを喜んでいただき励ましていただきました。

アボジのことも話していただいたと思いますが、記憶が定かでないので、ここでアボジから直接聞いたことも含めて、済州四三での体験など記すことにします。

アボジは和歌山県箕島で生まれた在日二世です。済州四三《チェジュササン》の話は聞いたことがありませんでした。しかし、二〇一〇年に肺ガンの末期であることがわかり、「病状が悪化しないうちに」と済州島《チェジュド》にオモニらと墓参りに行き、その途中でこれまで決して語らなかった体験の一端にふれたのです。

アボジの故郷新村里から少し離れた地に洪《ホン》氏一族の墓があり家族そろって参拝しました。そのときの写真が残っています。オモニやアボジの弟佑杓《ウピョ》サンチョンらと写したものです。墓参りを済ませてホッとしたのか、初めて済州四三のことを話しました。生前最後の墓参りでした。

「解放後すぐに済州島に帰ったが、衛生状態も悪く、食べるものもこと欠いた。米のご飯はとんでもない。済州島は米がほとんどとれない。だから粟と稗を合わした雑穀を食べたが、腹をこわしてばかりいた。コモが住む観徳亭《クアンドクチョン》の近くの寺へは歩いて行った。済州市のコモの寺は沙《サ》羅峰《ラボン》を越えるとすぐだった。寺にはもうすぐやと思ったもんだ。お供え物もあるから五時間近く歩いても苦にならなかった」。

アボジが済州島に帰ったのが一五歳のころです。食べ盛りでしたから、「寺に行けば腹いっぱい食べられる」との思いから、五時間の道も遠いと感じなかったのかもしれません。コモハルモニは甥っ子の訪問を楽しみにし、白いご飯や供え物の果物、お菓子を用意してくれたといいます。

このコモハルモニは大変なやり手でした。コモハルモニの顔を刻んだ石像が境内に立っていたことは先に述べましたが、済州四三で検挙されそうになったアボジを救い出し、日本に逃がしたのです。あとで述べることにします。

アボジの父は拳法の達人

アボジの父親洪礼児《ホン・エア》、つまりわたしから言えばハラボジになりますが、拳法の達人で「満州」の馬賊になったと言われています。植民地時代に和歌山、大阪に住み、大阪大空襲で被災、新潟県新井町（現新井市）に疎開、解放後、洪礼児ハラボジは新潟県新井町に残り、アボジと母親は済州島《チェジュド》に帰りました。

ハラボジはいろいろ逸話があった方です。大阪時代は沖仲仕や土方が主な仕事でしたが、沖仲仕の仕事では、沖に停泊している母船から資材を港まで運んで、軍需工場などに降ろす仕事で、水上生活も送ったようです。

父親の沖仲仕時代のことです。母船からの資材の運び出しは、波が高いときなど危険でしたが、しかし、スイスイと何事もなかったように仕事をしたのではないでしょうか。ただ、日雇いですから生活は安定せず、妻（金良能《キム・ヤンヌン》）の苦労は並大抵のものではなかったようです。

拳法の達人らしい身のこなしは、まるでカンフーのジャッキー・チェンのように身をかわす、飛び上がるのはお手のものだったようです。ハラボジの法事の席で聞いたことですが、水上生活時代、仲間で喧嘩をふっかけられても、相手が何人であっても、得意の拳法で相手を殴り倒して、さて、姿が見えなくなったと思いきや、身も軽く屋根の上に飛び乗っていたということです。

また風が強い済州島では、昔、子どもたちは凧上げをしましたが、ハラボジはどの子どもよりも高く上げ、野原を走り回り、喧嘩でかなわない子どもは一人もいなかったそうです。なぜ「満州の馬賊になる」と中国東北部に出かけたのか知りませんが、子ども時代の姿から考えて想像できることです。

アボジのことですが、済州四三《チェジュササン》から避難し日本を目指しました。わたしの本を作るのがもっと早ければ、少しは知ることができたのですが、オモニのように話を聞くことはできませんでした。アボジの戦後の日本での生活は記録（高賛侑《コウ・チャニュウ》『コリアタウンに生きる　洪呂杓《ホン・ヨピョ》ライフヒストリー』〈エンタイトル出版、二〇〇七年〉――以下、『洪呂杓ライフヒストリー』）に残っており、今回は参考にしました。

アボジが日本に再入国したのは一九四八年一二月ごろです。解放後、済州島に渡るときには、植民地支配時代の「日本国民」とされながらも、済州四三でいのちの危険を賭《と》して日本にたどりついたら、外国人登録制度ができていたわけです。ですから戸惑いはあったと思います。「密航」ということばがありますが、一九四八年一二月の日本入国は、済州四三の混乱を考えれば、政治的難民という方が正しい表現になるでしょう。

父親は住んでいた新井町役場で外国人登録申請をしたと思いますが。姻戚関係もわかり、家族単位で身分証明にもなる米穀通帳を持っていたこともあり、問題はなかったでしょう。また、新潟県は在日朝鮮人聯盟（以下、朝聯）の運動が活発だったことから、朝聯が一括申請して登録したことも考えられますが、正確なことはわかりません。

「トックの徳山」は一九四八年を創業としていますが、アボジが日本の猪飼野に根をおろし生活を始めた年こそ一九四八年であり、企業の原点としているのです。

済州四三での体験

アボジの故郷の新村里《シンチョンリ》は済州四三《チェジュ ササン》で武装蜂起した南朝鮮労働党の済州島《チェジュド》の指導者李徳九《イ・ドック》総司令官の出身地で、解放後の人民委員会が活発だったところです。アボジの話と高賛侑《コウ・チャニュウ》さんが書かれた、『洪呂杓《ホン・ヨピョ》ライフヒストリー』を参考にして当時のことを再現しましょう。

済州島では南朝鮮の単独選挙に反対する活動が活発化したのですが、一九四八年に入ると、いよいよ単独選挙が迫ってきました。このときアボジは一七歳でした。

そのころの話は、「済州島に自分たちの土地がなく、地主の土地を耕しても半分以上はその地主に納めた。手元に残った食糧はわずかばかりだった。空腹でたまらなかった」とのことで、小作人として働いていたようです。

実はアボジの運命にかかわることが起きていました。一九四八年二月七日の「二・七事件*」という単独選挙反対運動があり、これに対する警察の弾圧は過酷でした。新村里の青年たちとともに検挙されました。

「二・七事件」は済州四三の前に起きた事件です。一九四八年二月七日、南朝鮮の単独選挙に反対して約三〇万人が参加した大規模なゼネストを行い、鉄道、電信、電話、工場、鉱山などの一斉ストで、警察に捕まった人は八四七九人という数字が記録されています。この中にアボジが含まれていたということになります。運動の直接行動は警察署への攻撃などがあったのですが、アボジがこうした行動に加わったのではありません。

アボジが新村里での単独選挙反対にどうした役割ができたでしょうか。和歌山県箕島で生まれ新潟に引っ越し、解放後すぐに済州島に帰ったわけですが、複雑な朝鮮語はほとんど理解できなかったでしょう。警察は集会に参加した青年たちから情報を聞き出したかったのでしょう。おそらく根こそぎ青年たちは逮捕され、そのなかにアボジが含まれていたのです。

『洪呂杓ライフヒストリー』でははっきりと話しています。

「新村里では、トラックに乗った大勢の警察隊が村にやってきて、だれでもかれでも片っ端から捕まえました。新村里の青年は全部検挙されて、済州市まで連行されて、警察のブタ箱へ放り込まれました。晩になると拷問です。あちこちからうめき声が聞こえて来て、わたし自身もひどい拷問を受けました」

拘留されたのは二週間以上でしょう。二月七日か八日に逮捕されて「さんざん拷問を受けて、二月末ごろ」に釈放されたと語っています。三週間に及びます。わたしはこの拷問の話を聞いていません。

「ただまじめに働いてね。いろいろな集会とか勉強会とかに二、三回ぐらい参加したでしょうかね。そういうこと以外には何も具体的なことやっていません。なんぼなぐられようが何をしようが、具体的なことは何も分からんわけですよ。それなのに『知らない』といったら殴られる」

「二・七事件」――「二・七事件」以降の警察での検挙人数八四七九人などの文章は『済州四三事件真相調査報告書』(済州四三平和財団)の「二・七事件と拷問死」から。

家族、親族らがそろって洪善伊コモハルモニの墓に参る（2004 年撮影、写真左端は洪善伊コモハルモニの石像）。

しかし、考えてもみてください。「拷問を受けてひどい目にあった」と子どもたちに話すでしょうか。アボジは威厳を保ち、怖いアボジが自分の弱い部分を見せるはずはありません。亡くなる二日前まで生野コリアタウンにある徳山商店の店頭に立った方です。過去を振り返ることなく、前だけを見て事業に邁進した方です。また過去を振り返る余裕などなかったと思います。

もう一つ考えられることは、思い出したくないことは、オモニのところでもふれたように、記憶の底に押しとどめることで、やっと生きてこられたということです。

オモニ、アボジの済州四三体験で言えることは、生き残ったことで背負わねばならなかった「地獄」が待っていたことです。アボジは一切事件のことを話さなかったし、オモニは象徴的なことばをときおり漏らしただけです。

今回の本でオモニから聞いたことは、ほとんどが初めての話です。チャグナアボジが西北《ソボク》青年団に撃たれて、血がマリバンの下に隠れていたオモニの額に落ち、「ポタリポタリ」という恐怖で凍える記憶から湧き出た表現はあまりにも残酷です。

もう一つあります。少女時代に唄った「緑豆将軍《ノクトウチャングン》の歌」の一節です。「緑豆将軍の歌」とは東学農民戦争を指導した全奉準《チョンボンジュン》を讃える歌です。どのように済州四三と関係するのかわかりません。当時歌われていたから、耳に残っていたのでしょう。

『洪呂杓ライフヒストリー』のなかでは「警察と一緒に来たのは西北青年団でした」と、西北青年団のことにふれています。アボジも拘束されたときに関与したのが主に西北青年団でした。〈もし一か月遅く逮捕されていたなら〉と思えるほど、警察、西北青年団の暴圧が吹き荒れるようになったからです。三月一日の三一節《サミルソル》（三一独立運動記念日）に同じ朝天面《チョチョンミョン》出身の青年二人が拷問死しているからです。

三一節では集会に参加した男性が警備の警察に殺され、暴動が起きたのですが、三一節から弾圧が厳しくなったことを物語ります。しかし、アボジはよく生きて帰れたものだと思います。犠牲になった方の無念さが残ります。

アボジは二月末、夜中に警察署からトラックに乗せられて新村里まで運ばれて釈放されましたが、アボジは家の戸を開けて見たオモニ（金良能《キム・ヤンヌン》）の姿をこう語っています。「御飯を炊くかまどの部屋があって、そこで母親がロウソクの火をともして一生懸命拝んでいたのです」

アボジの母親は小柄な方で、いつも寝てばかりいるような病弱な方でした。アボジはのちに母親を大阪に呼び寄せました。アボジが日本に渡ってどれくらいたっていたでしょうか。アボジの母と二男佑杓《ウビョ》サンチョンが日本に「再入国」したのも政治的難民だったといえます。三男万杓《マンピョ》サンチョンが日本に来たのが一九五〇年代後半のことです。

コモハルモニが命を救う

アボジはオモニが体験した討伐隊の焦土化作戦にも遭遇していました。

『洪呂杓《ホン・ヨピョ》ライフヒストリー』にこうあります。

「私は腫瘍か何かができて膿んだので、包帯を巻いて家で寝ていました。すると突然警官らが入ってきて、ワッと布団をはぎ取られました。周りを包囲され、銃剣を突きつけられて、逃げるに逃げられません」

同じころ、済州警察は新村里《シンチョンリ》で開かれた南朝鮮労働党朝天《チョチョン》支部の会議を急襲し、一〇六人が検挙されています。アボジは南朝鮮労働党の活動家でも何でもありません。村の一人の青年にすぎません。警察は若者をそんなことに関係なく根こそぎ引っ張ろうとしたのです。母親は必死で警察に懇願して、病身のアボジを守ろうとしました。警官は諦めて帰って行ったということです。

母親は僧侶のコモハルモニに相談しました。コモハルモニは多額のお金を出して、避難船（「密航船」）にアボジを乗せました。どのようなルートで渡ってきたのか。期日はいつなのか。詳しいことは一切話しませんでしたからわかりません。

救出に力を注いだコモハルモニですが、非常に弁が立つ人でいくつもの逸話が残るほどです。浄光寺住職になったのが一九四八年七月です。済州四三がおきて三か月後です。それから半年もたたない間にアボジの検挙の動きが起きました。

浄光寺の住職と一僧侶とでは「威光」が違います。信者からの浄財もあったでしょう。アボジを避難船に乗せることができた背景にコモハルモニの経済力があったと思います。

浄光寺住職になって二年目、一九五〇年にキリスト教牧師七人が寺に入り込みました。子どもたちのためのキリスト教施設に変えようとする動きが起きました。浄光寺法堂、道場を管理して、コモハルモニの顕彰碑には「完全に占領された」とありますから、浄光寺に住むことができなかったのでしょう。

しかし、一九五二年には「ホンポサル（洪菩薩）は苦闘の末、追放した」（顕彰碑）とあります。続いてこう記されています。「無力だった仏教の布教のために交通の便がいい地に伽藍を建てた」と書かれています。

済州四三のさなかの仏教とキリスト教の対立はほとんど知られていません。キリスト教者が浄光寺に児童福祉施設を設けようとしたのは、済州四三で父母を亡くした子どもたちを救いたいと考えたのだと思います。それも済州島の中心街にあった浄光寺が子どもたちを養育するのに最適だと見たのでしょう。

ただ、そのままコモハルモニが引き下がっていたら、「無力だった仏教」は衰退の一途を辿ったかもしれません。済州島の仏教界にとっても重要な人ではなかったでしょうか。

女性の社会的地位が低かった済州島でキリスト教牧師七人と対抗するのは大変だったと思います。だから「非常に弁が立つ方でした」が逸話としていまも残っているのです。

顕彰碑に刻まれたコモハルモニの人生

アボジにとって命の恩人でした。「洪《ホン》家の墓参りでは、コモのところに必ず行きなさい」と命じたのは、アボジの半生にとって最大事な方だったからでしょう。コモハルモニは一九九〇年に八七歳で亡くなりました。いま浄光寺はもう跡形もありません。売却されてビルが建ち並んでいます。

コモハルモニの墓はアボジのハルモニの横にあります。コモハルモニを偲ばせる石像は寺から墓場に移し、墓参りに行けば、必ずその石像に出会えます。石像の首から胸にかけては大きな数珠が彫り込んであり、コモハルモニの石像の顔と同じく、数珠一つひとつの巨大さは子どもの拳大《こぶしだい》ほどあります。ほかの石像では見たことがありません。睨みつけるような眼光は、生前の印象に合致します。

石像の前には「洪慈善功績碑」の名前で顕彰碑が立ち、コモハルモニの半生が記してあります。結婚して離婚、仏門に入り、済州《チェジュ》四三《ササン》ではアボジを日本に送る資金援助を行い、一九五〇年から三年間、キリスト教徒が浄光寺を児童養護施設として入り込んだのを奪い返したと書かれています。

コモハルモニの法事は毎年大阪・生野区の自宅で欠かしたことがありません。

コラム 2

生野コリアタウン　戦前の朝鮮市場の歴史から論究すべきだ。戦後の生野コリアタウン構想は一九八四年に韓国大阪青年会議所（現JCI KOREA 韓国大阪）と日本の大阪ＪＣが朝鮮市場を活性化するために提案したのが最初。一九八六年には、御幸通中央商店街、御幸通東商店会（当時呼称）共同でコリアタウン構想の実現に向けて、御幸通東商店街はコリアタウンのゲートづくりや舗石整備を発意。御幸通中央商店街はコリアタウン整備に賛同したものの、「コリアロード」という枠組みを設定した。現在の大阪生野コリアタウンにある二つのゲートの誕生の背景である（吉田友彦論文、一一九、一二三ページ）。コリアタウンの名前を掲げた祭りは一九九四年に行った「コリアタウンアジア民族祭り」が最初であり、三商店街が協力して取組んだ最初のイベントは、一九九七年の洪性翊（ホン・ソンイク）推進委員会委員長になり始めた「共生の街　生野チョアヨ　コリアタウン祭り」だ。御幸通東商店会は一九九三年に御幸森東商店街振興会組合に組織変えし釜山（プサン）のチャガルチ市場と姉妹提携を結んだ。一九九九年には「ワンコリアフェスティバル　ＩＮ　いくのコリアタウン」を開催。高賛侑前掲書では本書著者の洪性翊のアボジ洪呂杓さんが、コリアタウンとコリアロードを打ち出した一九九三年ごろ以降の傾向を以下のように述べている。「韓国・朝鮮の人たちが徐々に変化してきて、現在は日本の客層にチャレンジする過程にあります」。二〇〇六年のインタビューだが、洪呂杓さんの発言どおり、その後、生野コリアタウンは韓流ブームが去ったあともＫポップスブームが続くなど日本人客がつめかけ、現在では休日は身動きができないほどの盛況をみせている。『コリアＮＧＯセンター News Letter（Vol.二一、二〇一〇年二月）』で生野コリアタウン活性化に尽力した洪呂杓さんがインタビューに答えて次のような発言をしている。

「『朝鮮市場』といわれる時代、いわば『在日』の胃袋を満たす時代であっても、食材の仕入れをふくめ、周りの地域の日本人や地域社会の人たちと一緒にやってきた歴史があった。今、韓流ブームと言われているが、そうした生活者としての共生の歴史が土台にあったのではないか。実際の生活や商売の関係で、日本人との関係はずっとあった。何もないところから、急に何かが出てくるものではない」
「韓国の有名な俳優が日本に来るようになったから、韓流ブームが起こったと勘違いしてもらっては困る。ここで約六〇年間商売をやってきたが、少なくとも生野コリアタウンでは、そうであったと思う。いろいろな日本人の方から世話にもなったし、協力もいただいた。地域の中では、日本の方の理解なしでは、やっていけない」（一九ページ）。

3　少年時代——御幸森神社に抱かれて

御幸森神社参道裏に発達した朝鮮市場

朝鮮市場の成り立ちは戦前さかのぼります。御幸通商店街（当時名）を表通りだとしますと、南側、裏通りになります。

戦時下で大きな変動が起きます。御幸森通りの商店街では戦時下の統制経済で商売が難しくなったことに加えて、戦争疎開で空き家となるケースが増えたのです。その時期は*一九四〇年ごろからだとみられます。

疎開する経済的余裕もない朝鮮市場の人たちは猪飼野にとどまり、戦後空き家の店舗を購入するとか、借り店舗を開くようになったのです。これが戦後の生野コリアタウンにつながる歴史の一歩です。

わたしは戦前の朝鮮市場に通じる細い南側の路地に面した一角で生まれました。いまの生野コリアタウンは、もともと朝鮮市場とも呼んでいました。生野コリアタウンという呼び方は、一九九三年からです。

アボジが古い木造の二階建てを購入したのは、たぶんオモニとの結婚を機にしてでしょう。一階を作業場にしてアイスクリームのコーン作りからはじめ、のちにトック作りを家業とするようになりました。チンパン（蒸しパン）も作っていました。

朝鮮市場周辺の特徴は、五軒長屋、六軒長屋が建ち並び、済州島出身の人が多く、それも同じ面（村）の人が多かったように思います。

とりわけ猪飼野に集住したのは、済州島と大阪を結ぶ定期航路が就航を始めた一九二三年以降になるといわれています。連絡船「君が代丸」に乗って大阪に渡り、女性は紡績工場、男性はゴム、ガラス、金属加工などの仕事を求めました。*

一九四〇年ごろから――一九四〇年代以降は御幸通商店街の南側の路地にあった朝鮮市場が戦時下で周辺環境の関係で変化してくる。吉田友彦論文では以下のように記述している。「一九四〇年代以降になると、疎開する日本人が増えてくる。御幸通東商店街もその波の中で商店が少しずつ疎開して減少していったが、空いた表の商店には朝鮮市場の商店が移っていった。（中略）日本人商店主が空襲を恐れて疎開していく中で、朝鮮市場の商店が南側の狭い通りから北の広い通りへと徐々に移動してきたのである。」（一一九、一二三ページ）

4歳のころの写真（中央左側、1960年ごろ撮影）。自宅前（写真には写っていない。写真上部の道路は神中通り）。

簡易なトタン屋根が並ぶ

五軒、六軒長屋は、最初はゴム、ガラス、金属加工などの小規模の工場で働く人たちのために設けられた住まいだったと思います。それが戦後になり、帰国する人などで。住民が入れ代わるようになりました。いろんな仕事に就く人に変わっていったのでしょう。ほとんどの家々は簡易な平屋建てのトタン屋根でした。

　その簡易な住まいは、一九六一年九月一六日の台風一八号のときはたいへんでした。家々の屋根はほとんど吹き飛ばされました。オモニは三男の性鎮《ソンジン》を抱いて、わたしと一つ年下の性佑《ソンウ》をオモニの衣服にしがみつかせて、豪雨、強風のなか避難しました。

よくまあ、風で飛ばされたトタン屋根が直撃しなかったものだと思います。家の西側を南北に走る神中《かみなか》通りを南方面に必死で逃げた記憶があります。

肝心のアボジは不在でした。東大阪第四朝鮮初級学校*（第四と略して朝鮮語のチェサーで呼んでいたが、正式名で表記）が、すぐ目と鼻の先にあるのですが、「学校が倒壊するかもしれない」と家にいませんでした。オモニは子どもを守るので必死だったと思います。

繰り返した新平野川の氾濫

いまでは考えられませんが、朝鮮市場周辺は低湿地で、少し雨が降ると猪飼野を東西に分ける新平野川*が氾濫を繰り返しました。平野川本体は寝屋川を経て、さらに旧淀川から大阪湾に

ゴム、ガラス、金属加工などの仕事——猪飼野の朝鮮人について最も早く調べたルポライター金賛汀（キム・チャンジョン）『異邦人は君ヶ代丸に乗って—朝鮮人街猪飼野の形成史』（岩波新書、一九八五年）では、日本の近代漁業の発展で漁業会社の漁船が済州島に出没して手漁法の島の漁民の没落を招いたことや、日本の近代紡績工業が島の綿花栽培、手工業の紡績産業に打撃を与えた、とある（九六ページ）。二つの産業の中心地である旧済州の中心区や翰林（ハンリム）などの、摹瑟浦（モスルポ）の出身者が多いとも指摘している（同ページ）。旧済州の中心区は「ソンネ（城内）」と呼んでいた。

東大阪第四朝鮮初級学校——大阪市内の朝鮮初級学校は当時、第一から第五まであり、ほかの地域は中大阪、北大阪、南大阪、西成は初級、中級学校が併設されていた。

新平野川——平野川改修工事は明治時代から始まり、一九二〇年代から再開、一九三〇年半ばまで断続的に続き、さらに戦後も六〇年代半ばから八〇年代まで二〇年間以上も工事が行われた。新平野川は平野運河とも呼ばれており一九二三年一〇月に完成した。

流れ込む大阪の中心地を横断する河川で、明治、大正の時代は雨量が増すと氾濫して、蛇行を繰り返してきた河川でした。

朝鮮市場周辺の住民は、毎年のように繰り返される床下浸水に泣かされていました。自宅前の道路はジュクジュクの日がよく続きました。床下浸水の話になりますが、水がひけると、大人たちは浸水とともに入り込んだゴミを家からはき出し、畳も水に浸かった人もいたようで、畳を家から出して天ぼしにしていました。

しばらくすると、「ポン、ポン、ポン」と音を立てた大阪市の消毒噴霧器の車がけたたましく駆け抜けて行きました。白い煙があたりに充満します。子どもたちは、消毒噴霧器の煙のあとについて行って、遊びの小道具にするのです。「忍者や、忍者や」と。

「消毒しても死なへん」「死なへんで」

何でも遊びにするものです。わたしも、その忍者ごっこに興じました。

しかも、ジュクジュクの地道も遊びの格好の場に変わりました。団子割という遊びは、土を固めて団子のようにしてぶつけて割る遊びで、ビー玉をぶつける遊びの原型かもしれません。

子どもの知恵は恐ろしいものです。より強いものを求めて、強力な団子を作るため近くのガラス工場に行きました。捨ててあるガラスの研磨剤を利用して土に混ぜるのです。

すると、セメントより硬い団子ができて、友だちの団子にぶつけるとひとたまりもありませんでした。

地道に小さな穴を掘りビー玉を転がして入れるゲームもしました。ビー玉をあてて陣地から出すゲームもしました。車が頻繁に入って来るわけでもないし、細い路地はわたしら子どもたちの「天国」でした。

近くに勝山遺跡がありますが、陣地取りゲームの場としては格好のところでした。りんご箱などを持ち込んで、「秘密の陣地や」とかいって陣地合戦をしました。いまでは遺跡は囲いがありますから、子どもたちの遊び場になるなど考えもしないでしょう。管理が緩やかな本当にいい時代でした。

砂遊び、紙芝居の思い出

御幸森神社＊（御幸森天満宮）境内にある御幸森戎神社前の砂遊びのことは抜かせません。本当に安心して砂遊びができたからです。子ども心に深く残る思い出の場所でした。いまもその砂場は変わっていません。

鬱蒼とした木々の下に、ほぼ長方形の砂場が広がり、誰に遠慮することなく砂遊びに興じたものです。いまでは幼児が砂遊びをするときは親が横について見守っていますが、当時はそんな

御幸森神社（御幸森天満宮）――正式名が御幸森天満宮。神社に掲げた『御幸森』の地名の由来」では、「このあたりは百済野（クダラノ）といい、三韓（百済、新羅（シルラ）、高句麗（コグリョ））特に、百済の人達が多く住み、優れた文化の華を咲かせていた」の前文に続いて、御幸森天満宮の由来にこうある。「仁徳天皇を主祭神とし、昔の東成郡猪飼野村の氏神天皇崩御の後、この森に社殿を建立し天皇の御神霊を奉祀して、御幸宮と称した。年代は降って、平安時代中頃全国に疫病が流行し（中略）その時、社僧大蔵院行綱は当宮に病気平癒、厄除の神、少彦名命を勧請奉斎し、ひたすら疫病を祓う御祷を行ったところ疫病は鎮まり、以後当村の者は疫病にかかることはなかったと伝えられている」（資料提供 猪飼野保存会 足代健二郎、企画製作 関西興銀桃谷青年会）。

幼稚園時代に自宅の２階物干し台で写す（左から、二男性佑、著者、三男性鎮――7月の夏祭りの日に）。

な光景は皆無でした。何もかも伸び伸びした時代でした。

「御幸森神社に抱かれて育った」と言ったら、一番正確にわたしの子ども時代を表わしているのではないでしょうか。

「カチ、カチ、カチ」と拍子木の音が聞こえてくると、砂遊びを止めて、紙芝居のおじさんのもとに走っていったものです。五円か一〇円を払うと水飴をペラペラのせんべいで挟んだお菓子をわたしてくれました。紙芝居の内容はほとんど覚えていません。水飴の甘い味だけが舌に残っています。

通りを東に突き切ると、新平野川が南北に流れています。当時はたくさんの丸太が浮かんでいました。川沿いにある材木問屋の丸太を係留してプカプカと浮かばせていたのでしょう。

いまもそうですが、川はほとんど流れているように見えませんでした。まるでため池のように見えました。新平野川が遊び場にもなっていました。

いまのように護岸がかさ上げされたコンクリートと安全さくが設けられていなかったものですから、護岸から直接丸太の上に飛び乗ることができたのです。

バランスを失い川に落ちる子どもが必ずいました。そうなると大変でした。近所のおばちゃんが水をぶっかけてゴミを落とし、川に落ちた当人は泣いて家まで帰って行ったものです。溺れた子がいたという記憶はありません。

わたしは丸太に飛び乗ることはしませんでした。あまり危険なことは、本能的に避けたのでしょう。

子どものころの貧しい時代です。危険をともなう思い出もその一つです。

地蔵盆のこと、地車のこと

いまの生野コリアタウンには地蔵さんが四体ありますが、八月の地蔵盆では各家で四角のかたちの提灯を掲げ、わたしら子どもらは、お地蔵さんの前で山盛りにされたお菓子をもらったものです。

家の西側四軒隣りに提灯屋さんがあり、提灯に名前を書いてくれました。「洪性翊《ホン・ソンイク》」「洪性祐《ホン・ソンウ》」(当時表記名)「洪性鎮《ホン・ソンジン》」「洪貞淑《ホン・チョンスク》」などと子どもの名前を書いて家の前に掲げました。日本名で出ていたことはなかったのではないでしょうか。

朝鮮人だから朝鮮名を名乗るのが当然ですが、日本の植民地支配当時に強制された日本名（創氏改名）を使う人は朝鮮市場周辺にはかなりいました。しかし、わたしの記憶では、トク（朝鮮餅）、トック（スープ餅）の製造、販売で「徳山商店」と名乗っている以外に、日本名を使った記憶はありません。ただ近所の方が、「徳山さん」「徳山さん」と呼んだものです。それを子ども心に不思議とは思いませんでした。

地車《だんじり》が町内を回る恒例行事も思い出の一つです。

猪飼野保存会という住民組織が古くからあり、御幸森神社の七月と一〇月のまつりに地車を出しました。地車はこれまで見たことがない大きい乗り物でしたから、子ども心に怖い思い出が残っています。

わたしら子どもらは、「だんじり」というより、ことば遊びをして「ダンジキ、ダンジキ、ジッコン、コン」と、囃し立てていました。

第二章

朝鮮学校時代

1　朝鮮名と日本名

御幸森神社につとめるおばちゃんに可愛がられて

東大阪第四朝鮮初級学校に幼稚園が併設されたのは一九六九年でしたから、わたしの学齢前には幼稚園はなく、近くに開園していた日本人が経営者の天使の森保育園、中川幼稚園に計一年間通園しました。

幼稚園などに通ったのは、オモニがトック作りや子育てで忙しく幼稚園が「助けの船」ということもあったのでしょうが、アボジが教育熱心だったこともあります。

幼稚園のころから日本人の子守のおばちゃんが何かと世話をしてくれました。おばちゃんにはとりわけ可愛がっていただきました。

おばちゃんの夫は御幸森神社につとめており、夫婦の住まいは御幸森神社でした。ですから、おばちゃんと会いたければ、御幸森神社に走って行きました。家から五分もすれば神社の森が見え、格好の遊び場である砂場が待っていました。

おばちゃんは、性翊《ソンイク》、性佑《ソンウ》、性鎮《ソンジン》の名前を、「ヤスオ、二郎、三郎」と呼んでいました。アボジ、オモニの呼び方と違ったのです。

わたしがなぜ「やすお」の名前で呼ばれたかは、オモニの外国人登録名が「安子《アンジャ》」だったから、そこから来ているのではないでしょうか。

家ではアボジ、オモニをどう呼んだのかですが、「おとうちゃん、おかあちゃん」でした。ところが、あるときからアボジからこう言われたのです。

「アボジ、オモニと言え」

それから「アボジ、オモニ」と呼ぶようになった記憶があります。いつからかは正確にはわかりませんが、東大阪第四朝鮮初級学校二年か三年だったと思います。

可愛がってくれた「おばちゃん」と呼んでいた女性と著者。御幸森神社の地車倉庫前で（2歳のころ）。

同じように近所の子どもたちが「おとうちゃん、おかあちゃん」と言っていたので、「おとうちゃん、おかあちゃん」と家でも言ったのでしょう。一喝されたのです。

これが朝鮮人として自覚したことになるのかどうか知りませんが、ショックだったから、いまも鮮やかに甦ります。

二年早く入学した朝鮮初級学校

東大阪第四朝鮮初級学校は自宅から歩いて三分もかかりません。地域に朝鮮人の子どもも多く、学校も近く、車もあまり通らない「理想的な教育環境」と言えないでしょうか。

東大阪第四朝鮮初級学校に入学したのは一九六二年四月のことです。五歳のときです。六、七歳入学が普通ですが、わたしは二歳早く入学したことになります。

五歳入学や学校の真向かいの御幸森小学校で学ぶ朝鮮人の同級生がいました。このことは、あとで述べることにします。

以下はわたしの体験の歴史的背景を述べることが必要でしょう。

一九四五年一〇月に朝聯が結成され、新潟県新井町（現新井市）に住んでいたアボジは、朝聯の活動で新井町の朝鮮学校で教壇に立ったようです。アボジの半生記（『洪呂杓《ホン・ヨピョ》ライフヒストリー』）にはその記述があります。

ただ、アボジが済州島《チェジュド》から日本に渡るのは、一九四八年一二月以降です。神戸、大阪での「四・二四阪神教育闘争」、「四・二六大阪府庁前事件」といわれる民族教育を守る闘いは、朝鮮学校を閉鎖する通達に対する反対闘争のことで、アボジが日本に渡る一一か月前のことでした。朝聯の活動が活発だった新井町では朝鮮学校が設立されていたのですから、「四・二四阪神教育闘争」*と同じような反対闘争が起きていたでしょう。

朝鮮半島の動向が「在日」に影響

済州四三《チェジュササン》が起きる前、アボジが一九四八年二月七日の「二・七事件」で検挙されたことは、すでに（第一章　2済州四三とアボジとオモニ）述べました。ちょうどときを同じくして、日本では神戸、大阪での「四・二四阪神教育闘争」、「四・二六大阪府庁前事件」という事件が起きていたからです。

日本も朝鮮半島の情勢とは決して切り離して考えられないのです。

アボジは済州四三で警察の弾圧を受け、在日朝鮮人は民族教育を守る闘いで日本政府と背後にいるアメリカと向き合っていました。一九四八年に南北政府が樹立されたときこそ、日本では戦後体制が急ピッチで固められていたのではないかと思います。

わたしにとって「四・二四阪神教育闘争」は、朝鮮初級、中級学校で先生から学んだ民族教育を守るたたかいとして忘れられない事件です。大阪朝高時代、「四・二四決起大会」として大阪市内の大阪城公園とか扇町プール、大阪朝高の敷地内にある大阪朝鮮文化会館で大きな集会をもちました。

「四・二四阪神教育闘争」こそ、教師時代に授業で毎年取り上げたものです。

朝鮮学校を閉鎖する通達――一九四八年一月二四日に文部省が出した通達「朝鮮人設立学校の取扱いについて」（一・二四通達）をいう。朝鮮人児童生徒の日本の学校への就学を求めた内容。一・二四通達によって、各府県の教育長は新学期が始まる四月を前にして在日朝鮮人児童生徒の転校を指示、校舎の使用を認めず、学校教育法による学校閉鎖命令を出した。

いま、事件から七〇年を超えています。わたしの学生時代よりも、この「四・二四阪神教育闘争」が取り上げられなくなった気がします。

一方、いまは朝鮮人*、韓国人の民族的権利にも保障がうたわれているわけです。当然、広く訴えることができる環境にあります。そのことが七〇年へた時代の変化ではないでしょうか。

アボジの猪飼野での足跡

在日朝鮮人運動は一九四九年九月八日に朝聯*の解散、朝鮮学校の閉鎖命令という大きな打撃をへて、一九五一年一月には朝聯の後継団体として在日本朝鮮統一民主戦線（以下、民戦）が結成され、朝鮮学校が整備されて行きました。

アボジの活動、足跡は、朝聯解散後の民戦、そして一九五五年に民戦解散後に生まれた朝鮮総聯の方が具体的にわかります。

アボジは活動の舞台を新潟県新井町（現新井市）から大阪・猪飼野（現生野区）に移しましたが、民戦時代は朝鮮戦争反対運動に邁進、朝鮮総聯の活動では教育問題に懸命に取り組みました。当時、朝鮮総聯大阪本部鶴桃支部（現生野西支部）の宣伝部長として集会の連絡やビラ作成、配布など教宣活動に従事していました。

一九六一年九月一六日に襲った台風一八号の被害はすでに述べましたが、朝鮮市場周辺の住民の被害は甚大でした。トタン屋根は飛ばされるわ電柱は倒れるわ、強風で崩壊した家屋もありました。第四朝鮮初級学校は校舎が全壊しました。『大阪朝鮮第四初級学校創立六〇周年記念誌』(二〇〇六年)にはガレキの山と化した校舎に、ぼう然と立ち尽くす父母たちの姿が記録されています。

アボジは再建に走り回っていました。オモニは「アボジはほとんど家におらへん。総聯の活動や。学校のことは一生懸命やった」が口癖のようになって、よく聞かされました。

ガレキと化した校舎は元々木造二階建てでした。それが同じく二階建ての新校舎に建て替えられたのですが、「三日後」と『大阪朝鮮第四初級学校創立六〇周年記念誌』にあります。それだけ教育にかける父母の思いは飛び抜けて熱いものがありました。わたしが一年生五歳のときでした。

応急措置的な木造から鉄筋に建て替えることになるのが一九六八年九月です。鉄筋四階建てに生まれ変わりました。台風の被害から七年後になります。

台風被害からすぐに学校の建て直しの話が出ていました。なぜ覚えているかと言えば、学校

朝鮮人、韓国人の民族的権利――一九四八年一二月一〇日の世界人権宣言から、一九六六年一二月一六日の国連総会で三つの人権規約が採択された。①「社会権規約」、②「自由権規約」、③「個人通報制度」であり、①の社会権では教育について、「この規約の締約国は、教育についてのすべての者の権利を認める」(一三条)と規定、二七条「少数者の権利」では、「自己の文化を享有し、自己の宗教を信仰しかつ実践し又は自己の言語を使用する権利を否定されない」とある。民族的少数者のアイデンティティーの積極的保護の義務をうたう。日本は一九七九年に①、②のみ批准した。

朝聯の解散、朝鮮学校の閉鎖命令――朝聯の解散が命じられ、朝聯解散(団体等規制令を朝聯に適用して強制解散、幹部を追放し、財産を没収)を根拠に一〇月一三日の文部省通達「朝鮮人学校に対する措置について」(一〇・一三通達)が出され、一〇月一九日に一〇・一三通達による措置、すなわち朝鮮人学校に対する閉鎖・封鎖を強要した。全国で朝鮮学校閉鎖は三六二校を数えた。

での「建設カンパ」に子どもが協力したからです。ポケットに三〇円あれば、一〇円を貯金箱に入れました。

体育でついて行けず

東大阪第四朝鮮初級学校は入学時には全校で約六〇〇人の子どもたちが在籍していました。一学年で三組編成でした。それだけ猪飼野に在日朝鮮人の子どもたちが多かったことを意味します。

先に五歳入学は述べましだが、二年早く入学することなど、いまでは考えられません。当時は親が忙しく子どもの世話もできないので朝鮮学校に学齢時より早く入学させるケースがありました。わたしの弟もそうでした。

しかし、二歳の年齢差は如何ともしがたいものです。

体力面ではかけっこをしても、跳び箱をしてもついていけませんでした。腹筋もやらないといけないのにできない。学年で一、二名がいましたが、ほとんどが落第しました。

〈体育が苦手〉というトラウマはいまもなお引きづっています。体育がダメだから同級生からいじめられる原因にもなりました。

記憶に残っているのは、家までよく泣いて帰ったことです。〈なんと、いくじなし〉と思われるかもしれませんが、学校になじめなかったのではないでしょうか。五歳のわたしには耐えがたかったから、泣いて家に帰ることになったのかもしれません。

ただ、成績の方はなんとかついていけたので、落第はせずに進級しました。ですから、朝鮮大学に入学したときは一六歳でした。朝鮮大学では師範教育学部美術科を卒業して教職についたのですが、本来なら大学に入学する歳である一八歳から教員をしていました。

初級学校のことに戻りますが、同級生には、三歳も、四歳も年上の子どもも入学してきました。なぜ入学年齢が遅れたのか、尋ねたこともありませんからよくわかりませんが、ほとんどが済州島《チェジュド》出身でした。現在は早期入学や五歳、六歳も年上の児童、生徒が入学することなどはないのですが、一九六〇年代はまだ朝鮮学校の体系が確立していなかったから、変則的なことが起きていたと思います。

所作が幼稚でした。これは仕方がないことです。しかし、不憫に思っていただいたのか、担任の先生からは本当に可愛がっていただきました。

学校が終わると、今は火事で焼失してしまった千日前デパートの屋上の乗り物（当時は屋上が遊園地になっていた）に連れて行ってもらいました。尹《ユン》チョロ君という同級生と二人は特に可愛がってもらいました。週に一回くらいは遊園地で遊びました。尹チョロ君は四年生のときに共和国に帰りましたが、いまも元気でいるのでしょうか。

朝鮮学校と日本学校の対立

東大阪第四朝鮮初級学校と道路を隔てた御幸森小学校へも在日朝鮮人の子どもたちが通っていました。その理由は、一九四八年から一九四九年にかけて日本の文部省が出した一連の朝鮮学校閉鎖命令で、朝鮮学校が閉鎖されたからです（前述）。文部省（当時）は日本の学校に通うことを強制するため朝鮮学校を閉鎖したのであり、近くの朝鮮学校が閉校になれば日本の公立、私立学校に通わざるをえなくなります。朝鮮学校は無認可のものや、各種学校、民族学級などありましたが、東大阪第四朝鮮初級学校は各種学校の位置付けで運営することになりました。

しかし、日本名を名乗る在日朝鮮人の子どもたちは、自分が朝鮮人だと自覚することは難しいのです。それは遅れてやってくる「衝撃」にもなります。日本人と思っていたが、そうではなかったという、とてつもない内面の混乱が起きるからです。

東大阪第四朝鮮初級学校と御幸森小学校の子どもたちは、よく喧嘩をしました。朝鮮人と日本人の対立ではありません。朝鮮人、日本人の自覚はないからです。朝鮮学校と日本学校の対立でした。

御幸森小学校の子どもたちが相手を罵倒したことばは決まっていました。

「朝鮮学校ボロ学校、なか入ったらボロ、ボロ」

台風で倒壊したあと緊急で再建したから立派なものではないことをよく知っていたわけです。そうしたことばを投げつけて御幸森小学校の子どもたちは逃げて行きました。

これにわたしら東大阪第四朝鮮初級学校生は「朝鮮学校ボロ学校、なかへ入ったらピカ、ピカ」と言い返しました。学校の廊下をピカピカに拭いていましたから、自負心からそう言い返したと思います。

しかし、二〇歳も過ぎると、言い合っていた御幸森小学校生の子どもたちで一番ヤンチャだったのが朝鮮人だとわかることがありました。多くは親が朝鮮人であることを隠して生活しているから、彼らは自分が朝鮮人であるとは思ってもいなかったのです。朝鮮人を隠すように追い込むのは、本当に罪作りです。

いま多文化共生とか多様性が重んじられていますが、猪飼野で育ち、いまさら何をあたり前のことをいうのかと思うのと同時に、そんなにたやすいことではないと実感します。朝鮮人同士が言い合い、殴り合いまでする、これは悲劇以外何物でもないでしょう。朝鮮学校を閉鎖する通達による朝鮮人同士の分裂というか、反目が子どもの世界にも起きていました。

民族性と朝鮮語を身に付けること

いま改めて思います。朝鮮人として育てることで自然と民族性がつくのかどうか、ということです。やはり朝鮮学校で初等教育を受けることは、朝鮮語を学ぶと同時に大切なことだと思います。大学生のころに韓国に留学すれば、たしかに朝鮮語はマスターできるでしょう。しかし、民族性が身につくことは難しい。

小学生段階から朝鮮語と民族性を身につけられる教育機関は、朝鮮学校しかないでしょう。小学校(初級学校)入学と同時に朝鮮語教育をして学校では朝鮮語だけで会話します。各種学校扱いで、日本の学校教育制度では、小、中、高校卒にはなりません。

韓国系の教育機関はどうかというと、学校教育法に規定する一条校です。日本学校の小、中、高校と同じ資格を得られるのですが、韓国語習得で朝鮮学校と同じように、「学校では日本語は使わない」という方針を打ち出すなら、一条校の資格を取り消されるでしょう。また父母たちの賛同を取ることも難しいでしょう。

文部科学省は多文化共生を掲げていますが、日本社会のなかで朝鮮語・韓国語を民族学校で習得するほど、難しいことはないのです。

なぜ朝鮮学校に入学させたのか

わたしの子どもたち四人は全員朝鮮初級学校に入学させました。民族とことばを学びました。在日朝鮮人の親としての責任だと思っていたからです。中学からは韓国系の民族学校に進む娘、息子もいましたが、初等教育こそ民族とことばを学ぶ場ですし、「大事にしなければならない」という確信がありました。

子どもを育てていた三〇年前はそうでした。しかし、いまはどうか。いま、子どもを育てるという状況なら、迷いが出てきます。

朝鮮学校が弾圧されて教育設備も十分ではない。躊躇しますよね。

〈はたして民族に固執して生きることが望ましいのか〉という考えもあります。国籍法の変更から、朝鮮系、韓国系日本人が増えてきたわけでしょう。わたしが子どもを育てた時代と大きく変わりました。

「わたしはコリアンだ」と誇りを持って朝鮮系、韓国系日本人としても活躍できる時代に早くしないといけない。しかし、多くは朝鮮系、韓国系日本人と名乗れない現状があります。

高校無償化と幼稚園の無償化からも排除される状況はひどいもんです。不当です。朝鮮学校で学ぶ子どもたちにちゃんとした教育環境こそ整える必要があります。

南北関係の解決が根本です。統一がどんなかたちになるか、わかりませんが、朝鮮半島の情勢はやはり「在日」に影響をおよぼします。

わたしは朝鮮人であることで、社会的に差別的な視線を受けて卑屈になることはなかったのですが、そのことをいま振り返りますと、日本だけの価値観、枠組みと言っていいでしょうか、そのようなことにとらわれず、外に向けた眼を養ってくれたのではないか、と思います。韓国で仕事をしていて、アジアの国々、中国、タイ、ベトナムに食材を求めて出かけることに、苦であると思ったことなど一度もありませんでした。アメリカ・カリフォルニア州に韓国食品の売り込みに出かけたのも同じでした。ワクワクしました。猪飼野で育って、朝鮮学校で学んで、その場所に止まらず越えていく精神、思想を養ったのではないかと思います。

そのことで四人の息子、娘を育ててきて世界に目を向けるような教育を受けさせたいと考えたのでしょう。海外に意識的に連れて行きました。

「その場所に止まらず越えていく」とは、朝鮮人であることを隠さず生きることがあってこそ可能でしょう。本名で就職する時代になってきました。日常生活で朝鮮人として生きられることが本当です。

抑圧されるから民族に固執するのは、本末転倒です。在日朝鮮人として生きることを追求しなくてはなりません。

「異郷」で生きてきた在日朝鮮人だからこそ、外国に目を向ける、外に関心を向ける思考を育てた「宝」があったとは言えないか。ただこれは在日一、二、三世には言えることですが、四、五世ではどうなのか。わたしの五人の孫たちに「異郷」と、いまの場所、育った国、日本を語れるはずはありません。

「外国に目を向ける」とは、日本の生活が苦しいから、逃れたいという否定的な見方もできますが、現状を越えたいという思いが強いあかしでもあるのです。

朝鮮学校で学んだことをどう評価するか

朝鮮学校で学んだことをどう評価するかですが、「在日」一世の時代の朝鮮総聯、在日本大韓明国居留民団（以下、韓国民団）の役割は大きかったと思います。差別がもろの時代に、権利を擁護できたわけです。そのことは大きな評価をしていいと思います。

「胸を張って祖国に帰れない」ということから、朝聯、朝鮮総聯の運動はことばと民族意識を育てる民族教育を行ってきました。わたしは大学まで朝鮮学校で学ぶことができたことで、ことばもできたし、朝鮮人、韓国人の心を身につけることもできました。だから、韓国でビジネスをしても、早く順応できたと思います。

朝鮮学校を卒業して韓国民団で活躍している人がいます。これをどう考えるかです。そこに朝鮮学校で学んだことを評価する核心にあると考えます。

朝鮮学校で朝鮮人・韓国人の心を身につけたから韓国民団でも活躍できるのであり、政治的判断、価値を超えて得たものだと思います。

成人学校の大きな意味

徳山商店が生野コリアタウンに店を開いたころ、店の北隣が成人学校の教室に当てられていました。朝鮮学校の先生らが教えに来ていました。

わたしの初級学校に進む前、一九五〇年代末から一九六〇年代初めも成人学校が開かれていたと思いますが、記憶はありません。オモニはいつ成人学校に通っていたのかは知りませんが、仕事の合間をぬって成人学校に通いウリマルを学ぶことができたでしょう。

話すのは問題ありませんでした。朝鮮語の読み書きの勉強です。生活と学ぶことが密着していた時代です。これほど学ぶことが生きること、毎日の生活に結びついた時代はなかったのではないでしょうか。

成人学校はことば以外にも朝鮮の伝統的な音楽、カヤグンなどを教える人が毎週来ていました。朝鮮総聯の活動はピュアな人たちが支えていました。アボジもその一人でした。その時代の在日朝鮮人運動はきちんと評価しなければならないでしょう。

しかし、成人学校で日本語を学ぶことなどありえません。祖国に帰っても十分な朝鮮語を身につけるために開校しているのが成人学校でしたから。

当時の状況は在日朝鮮人が祖国に帰ることが主流であり、定住化の流れはありませんでした。南北政府に帰属するというか、植民地支配国に暮らして行くのが、「仮の住まい」という意識が強かったのでしょう。しかし、祖国では南北対立が厳しく続く現実がありました。

　一方、南北対立を越えた動きが出てくるのは、一九四八年の南北両政府樹立以降、民族の悲願として起きます。一九六〇年代、「在日」の民族団体である朝鮮総聯、韓国民団の歩み寄りもありましたが、国家的な動きでは、一九七二年七月四日の大韓民国（韓国）、朝鮮民主主義人民共和国（共和国）が同時に発表した朝鮮半島の南北対話に関する宣言が発表されて以降ではないでしょうか。

　朴鐘碩《パク・チョンソク》さんの日立就職差別裁判で、在日朝鮮人、韓国人の日本への定住化が顕著になって来たと言われますが、この一九七〇年代半ばから「同胞は一体だ」とする運動が起きて来て、朝鮮語、韓国語も、「オモニハッキョウ」（直訳すれば、お母さんの教室となるが、日本語を学ぶ識字教室のこと）のような先駆的取り組みが生野区で起きてきました。

　そういう意味では南北対立を越えようとする運動が起きて、「在日」の定住化が進み、今日に流れ込んでいるのではないでしょうか。

「密航」者の取り締まり

東大阪初級学校後半と東大阪朝鮮中級学校（通称東大阪をトンデパンと朝鮮語で呼んでいたが、本稿では正式名で表す）時代にまたがる話になりますが、生野署の交番の話です。

新平野川のみゆき橋前東側にあり、いつも検問していました。自転車で二人乗りでもしていたら、必ず「登録（外国人登録証）を出せ」と、言うわけですよ。「密航者」を取り締まるためです。朝鮮人はいつも警察が目を光らせる存在なのだと、子ども心に叩きつけられた体験でした。

一六歳以上は常時携帯が義務付けられていました。わたしは該当する年齢ではなかったのですが、通りがかった先輩は外登証をいちいち持っているはずないですよ。それで警察に捕まることはありませんでしたが、名前と住所は言わされていました。

「密航」していた親といっしょに猪飼野で暮らしていた子どもなどは、警察官の検問を見ると、友人がよく知っていて、「早よ、逃げ」と指示しました。猪飼野にはかなりの数の「密航」者がいたということですが、初級学校のわたしには警察官の検問が、逆に「密航」者が住んでいることを印象付けました。

警察官の尋問は特徴がありました。質問は、「家どこ」「学校は」などと違うので、記憶に鮮明です。「密航」の子が発言できない日本語を言わすのです。韓国語は最初は濁音にならないから、「密航」の子は言えないわけですよ。そうして「密航」が見つかり、親とともに強制送還になった子もいます。

いま半生を振り返ることで気付くことは、関東大震災のときに、自警団が朝鮮人を見分けるのに、同じようなことをしたこと、その歴史的事実、思想が繰り返されていたことです。

強制送還で送られるのは、長崎県の大村収容所です。「警察、ヤクザより怖いのが大村収容所」と言っていました。大村収容所は遠くにはありませんでした。警察の検問があると頭に浮かぶ名前でした。

2　朝鮮初級学校で学んだこと

ウリマルカード

東大阪第四朝鮮初級学校の学校生活六年間、おたふく風邪で休んだだけでした。アボジからのプレッシャーもあり、〈学校は行かないといけない〉と自覚していたのでしょう。毎日一時間は国語、つまり朝鮮語を学び、日本語は使えませんでした。このことは朝鮮学校ではいまも変わりないでしょう。

クラスではこんなこともしました。担任の先生が模範クラスにしたかったのでしょう。「ウリマル（自分たちのことば――朝鮮語のこと）カードを作り、モルスハギ（没収）したら、どないや」と先生から提案を受けて始まりました。

ウリマルカードを三枚ずつもって、授業中、会話を自由にするのです。すると日本語を使う子を見つけて、「トンム（クラスメートのこと――本来の意味は同志）、イルボンマル（日本語）、ソッタ（使った）」と、その子のカードを取り上げました。三回見つけると、先生から褒められました。遊びを交えてウリマルを覚えていったことも思い出の一つです。

時期は忘れましたが、朝鮮の遊びが急に授業で取り入れられるようにもなりました。毎年五月五日の端午の節句には、ノルティギ、クネ、チェルチャギなどの伝統的な遊びを学校の運動場でやりました。学校の教育方針で民族の伝統文化尊重が強調されたわけです。

肖像画の変化

クラスごとに標語、スローガンを教室内に張り出しました。一番印象的なのは、「一人が全体のために、全体は一人のために」でした。全体主義が徹底しているとも言えますが、この標語、スローガンは、日本の労働運動などでいまも使われています。全体主義というイデオロギーを超えた意味があるからでしょう。

またありふれたスローガンかもしれませんが、「朝鮮は一つだ」があります。いまでも使われています。

政治的なスローガンもあったかもしれませんが、あまり覚えていません。

四年生のことでしたが、教室に掲げられた肖像（写真）に変化があったことは、記憶に鮮明です。

それまでは、背広をきた金日成《キム・イルソン》将軍の写真が黒板の上の中央に掲げられ、廊下側に、李舜臣《イ・スンシン》将軍などの歴史上の将軍の肖像が掲げられていましたが、あるときを境にして、金日成将軍の写真だけになりました。共和国で何か政治体制で大きな変化が起きたのではないか、と思います。いまにしてわかることです。

金日成将軍を讃える歌は以前から学校で歌いました。しかし記憶では個人崇拝を強調することはなかったのですが、金日成将軍の写真だけになったころからは授業でも変化して来ました。金日成革命活動を学ぶ授業を受けました。子ども心に残る変化ではなかったでしょうか。

当時といまの朝鮮学校とは、時代状況も朝鮮半島がおかれている国際関係も大きく異なります。一九六〇年代前半はアメリカとの関係が最悪でした。当時は、「コカコーラを飲んだらあかん」と教えられました。ベトナム戦争が起きていた時期です。コカコーラを飲むと、銃弾が三発作られるから、ベトナムの人たちを苦しめるというわけです。

米朝対話が難渋しがちながら進んでおり、進展次第では、アメリカの食品が共和国で売られることもあるでしょう。

いま、朝鮮学校で反米教育などするはずないでしょう。朝鮮戦争の終戦 協定を締結することが願いですから。

当時、反米教育を受けていて、家ではアメリカのテレビドラマが大好きでしたから、おかしなもんです。

ただ、洗脳というのは恐ろしい。わたしはコカコーラが飲めないというか、飲みません。ペプシしか飲まないのです。

日本との関係をどう教えたのか、です。植民地時代に日本の官憲たちがどれほどひどいことをしたかについて教えられました。これは「反日教育」ということにはならないでしょう。歴史学習ですから、実際に起こったことですから。

日本で生活しており、隣のおじちゃんは日本人だし、幼稚園から初級学校低学年まで一番面倒を見てくれたおばちゃんが日本人でした。日本人はひどいというイメージなど、わたしのなかに育つはずありませんでした。

朝鮮戦争――朝鮮戦争は一九五〇年六月二五日に勃発し一九五三年七月二七日に休戦を迎えた。休戦から六六年をこえた現在も「休戦」状態が続いている。韓国社会に朝鮮戦争が与えた影響ははかり知れない。歴史社会学者金東椿（キム・ドンチュン）は著書『朝鮮戦争の社会史―避難・占領・虐殺』（平凡社、二〇〇九年、金美恵（キム・ミエ）ら訳）で「一九五三年七月二七日以後も終わっていない」（七九ページ）というテーマから韓国社会を分析している。金東椿が朝鮮戦争の継続としてあげている代表的なものは反共と虐殺だ。反共は韓国の「国是」でもあるし、盧武鉉（ノ・ムヒョン）大統領は反共政策の中心に座る法律・国家保安法廃止を公約したが、はたせなかった。反共政策は韓国の現実の政策として継続している。虐殺とは一九八〇年五月一八日からの光州（クワンジュ）民主抗争の夥しい犠牲者を思わずにいられない。さかのぼれば、済州四三（チェジュササン）に突き当たる。朝鮮戦争後に顕著になったのが、反共権威主義体制であり、分断体制だ。権威主義体制は共和国でも同様であり、朝鮮半島の南北分断体制は権威主義国家を築くことで危機を回避しようとしてきたのである。南北朝鮮で軍政を敷いていた米ソは米ソ共同委員会を立ち上げたが、アメリカは米ソ合意での朝鮮問題解決に見切りをつけ、最終的には南朝鮮だけの単独選挙を一九四八年五月一〇日と決めた。これは朝鮮戦争に直結する導火線に火をつけたともいえいる。済州島民は南朝鮮での単独選挙に反対して激しく抵抗した。済州四三は、警察、さらに米軍政に加えて、北朝鮮からの脱出者が済州島（チェジュド）に入り、過酷な弾圧を加えた。政府発表では約三万人の犠牲者とされるが、実際はもっと多くの人々が命を落とした。韓国建国後の李承晩（イ・スンマン）は共和国との対峙から国家保安法を制定することで左翼勢力の弾圧をはかった。やがて南北の激突は避けられず一九五〇年六月二五日に朝鮮戦争が勃発した。三年をこえた戦争で最大の被害者は南北の民衆であり、戦争の犠牲になり傷付いた人たちだったのは峻厳な歴史的真実だ。

サンペンマーク――東京朝鮮中学校（現東京朝鮮中高級学校）一期生の朴文侠さんと美術科教員朴周烈さんが学校側の公募作として出した作品で、一九四八年三千里綿、三千万朝鮮民族、三角形などが三に込めた意味だったと証言している（『日刊イオ』二〇一四年七月一一日）。

サンペンマークがスローガンに

朝鮮学校の校章といえば、サンペン*マークです。三つのペンをデザインしたものです。

このサンペンマークを生かすため「セモクペウゲ（三つの学び）」運動があったことを覚えています。「セモクペウゲ」とは、一つは自分のために。二つは貧しくて学校へ行けない南朝鮮の子どもたちの分も、とかのスローガンが唱えられたものです。

とにかく、「学べ、学べ」です。朝鮮半島の統一のために学べということでしょうが、アボジが教育熱心だったのは、とにかく子どもには十分な教育を身につけさせたいという思いがあったからでしょう。

アボジの毎日の学習ノート点検は日課のようになっており。学期末には成績表を見せないといけませんでした。

二歳早く朝鮮学校に入学していますから、成績がそんなにいいわけがない。なんとか授業について行きましたが、わたしは成績をアボジに見せたくないから、一時間くらい寄り道をして帰りました。

学校から家まで、三、四分のところを、懸命に考えて寄り道をする。学校に用もないのに残るのです。怒られるのが怖いから、家に帰りたくなかったのです。

アボジはわたしにとって、警察、ヤクザより何よりも怖かった。怖い、怖い。

わたしが第一子、長男だったから、特にしつけが厳しかった。ただし、しつけに加えて毎日の勉強に厳しく目を光らせたのです。六人きょうだいのなかでわたしが一番勉強に関して厳しく「指導」されたのではないでしょうか。

アボジ自身は学校も満足に行けなかった。朝鮮語も朝鮮総聯の活動のなかで覚えていったわけですから、学校は勉強するところと考えていました。朝鮮学校に通っている以上、懸命に勉強をするのは当たり前であり、成績が悪いことなど想像できない。

成績が落ちると、これはさぼっている以外にないと判断されるわけです。だから確信をもって怒るのです。

しかし、絵の方はというと、自発的なものです。誰から言われるわけではなく、夢中になりました。家の前は自動車も入れないほど狭い道路でしたから、のびのびと絵を描きました。学校に上がる前で地道でしたが、そこに釘で絵を描きました。

道路が舗装道路になると、もっと絵を描きやすくなりました。手に握ったのは釘ではなく蝋石でした。アスファルトの上の絵は鮮明に浮き上がり、日が暮れるまで夢中でした。

人々を支えたヘップサンダルやモヤシづくり

朝鮮市場周辺ではヘップサンダル製造業が多く、わたしの家の真向かいもヘップサンダルを生業《なりわい》としていましたし、仕事場は四畳半くらいの狭い空間にすぎません。五、六人の女性がヘップの仕上げ段階で踵に貼り付けたりする「貼り子」の仕事をしていました。

部屋に入ると、接着剤で使うボンドの匂いが充満していましたから、本当にたいへんな仕事やったと思いました。一九六四年に御幸通商店街に引っ越しをすると、北側の四軒長屋はボンドで貼り付ける「貼り子」の姉さんが働いていました。猪飼野の生活を支える重要な生業でした。モヤシ作りの家も多かった。食卓にはコンナムル（モヤシスープ）を出すのが欠かせないので、求める人が多かったのでしょう。

手間のかかる植物でした。夜中に三回も水をやらないと育ちませんでした。朝鮮市場で店舗を構えられる人はわずかりでしたから、ハルモニら女性たちが自宅で育てたモヤシを手押し車に積んで路上に座り込んで売っていました。モヤシの売り上げはわずかばかりですが、それでも数少ない現金収入になったようです。

木造二階建てのわたしの自宅は、一階は土間でした。この土間の上にマキをくべて燃やすボイラーがあり、このボイラーが万能でした。

オモニはチンパン（蒸しパン）作りが上手でした。チンパンは済州島だけで作られるパンです。トック作りは金良能《キム・ヤンヌン》ハルモニが名人で、路上販売に出かけていました。御幸森神社参道やＪＲ鶴橋駅周辺に発達した国際市場の路上の一角に座り込み販売をしていました。

二階は二間だけで、ここで親子が暮らしました。子どもはわたしと二男の性佑《ソンウ》、三男の性鎮《ソンジン》、長女貞淑《チョンスク》の四人でした。四男性昊《ソンホ》、五男性文《ソンムン》の二人は御幸森神社参道沿いに徳山商店を開いて自宅を移した一九六四年以降に生まれました。

一九六〇年代です。在日朝鮮人の仕事といえば、男なら段ボール集めや日雇いの土方、ほかは人手不足から時々舞い込んでくる臨時雇いの仕事でした。女性ならヘップサンダルの「貼り子」とか町工場の臨時雇いやスナックの手伝いくらだったでしょう。

近くのゴム、ガラス、金属加工の工場に勤められたら生活は安定しましたが、わたしの近所の朝鮮市場周辺の人はそういう人が少なく、食料品も含めて生活必需品を仕入れてきて販売する人が大半でした。

朝鮮学校運動場が住民交流の場に

生活の厳しさは、地域での住民交流を盛んにして騒ぎたいという意識を高めます。東大阪第四朝鮮初級学校の運動場、近くの公園は住民の交流の場になっていました。

運動会は運動場では狭く無理ですので、近くの公園で開きましたが、納涼会では運動場に集まり、焼肉をみんなで食べたりしました。

夏休み中は校庭で映画会が毎年のように開かれ、日が暮れると、ゴザを敷いて朝鮮の映画を観たものです。覚えている映画はコメディ映画や朝鮮戦争の映画です。ゴザの陣取りをするほど人気でした。

時代は初級学校時代ではないのですが、「花売り娘」（花を売りながら家族の生活を助け、パルチザンに協力する内容）、「血の海」（日本軍の侵略への抗日武装闘争がテーマ）などの作品を観ました。

プロボクシングの試合もありました。学校の運動場に特製のリングが用意されて東洋ミドル級タイトルマッチも行われたと、記憶しています。在日朝鮮人の選手の試合となると、応援ぶりが違う。まず試合を知らせるポスターが張り出され、試合前からリングサイドは大人たちで埋まる盛況ぶりでした。

当時スポーツといえば、野球、相撲、ボクシングくらいでしたから、プロボクシングの試合があるとなると、大人たちの加熱ぶりはすごかった。

「大音楽舞踊叙事詩」という歌と舞踊は東京でまず披露されたのですが、大阪は翌年でした。初級学校六年生のころです。わたしも学校の代表で合唱団の一人として出ました。「セサンゲ、プロンオプソラ（世の中で羨ましいものはない）」という歌を歌いました。「総出演人数三〇〇〇人にも及ぶ」という記録がありますが、会場は大阪の南港の何処かでした。

風呂屋の思い出

朝鮮市場周辺は風呂屋が多く営業していました。思い出すだけで、一〇軒近くはありました。一番近い「神中湯」「一条湯」などよく行きました。「今日はここの風呂屋」「今度は平野川を越えたあの銭湯や」と、毎回変えるのが子どもの楽しみの一つにもなっていました。

近所のおじさんの背中を流したら、ラムネ、ミカン水、ファンタを飲ませてくれました。刺《いれ》青《ずみ》を入れていたお兄ちゃんが一番気前よく、最も高いファンタを飲ませてくれました。

深刻な南北の対立も風呂屋で見かけました。口喧嘩するおじさんは口角泡を飛ばすほどの勢いで相手を罵倒するのです。

「お前は何も知らんわ。どっか行け」「おまえこそや」しかし、わたしら子どもはその理由も深刻さも何もわからない世界でした。激しくやり合う姿はやはり異様にうつりました。

3　中高校時代――なぜ荒れたのか

頼もしかった金ピョンテク兄の死

東大阪朝鮮中級学校に入ると、自転車通学になりましたが、その自転車がなくなるんです。それが中学入学の洗礼でした。友達が悪さをしてどこかに隠すか、盗まれたことがわかると、先輩は「仕返しをせえ」と命じるわけです。これが中級学校での最初の思い出です。

少年時代は往々に暴力が支配します。当時は顕著でした。

しかし、いまもそうだと思われると、大変な誤解になります。

貧しい時代に将来に希望を何も見出せないことで、噴出したあがきだったのかもしれません。

考えてみる必要――生活レベルが上がったのか、民主主義での在日外国人の権利が認められるようになったためか、管理が巧妙に進んだためか。しかし、なぜ朝鮮人に対するヘイトスピーチ、ヘイトクライムが克服されないのか。

感性豊かで傷付きやすいだけに、行き場のない怒りが爆発したのではないかと思います。

しかし、いまはそういうことをまったくと言っていいほど聞きません。なぜか。*考えてみる必要があります。

二年早く朝鮮学校に上がっていましたから、体力的に劣等感を持っており、力負けしますから、屈強な同級生といっしょに暴力で制圧するなどできるわけありません。それが中学一年のわたしの現実でした。

朝鮮学校でいっしょに学んだオモニの弟、妹の話をしますと、徳山商店の真向かいに住んでいたオモニの母親韓清玉《ハン・チョンオク》ウエハルモニ（母方の祖母の呼称。韓清玉ウエハルモニの半生は補遺2「『トックの徳山』の原点は何か」参照）はオモニの新しい父親になる男性と結婚し、七人の子どもがいました。オモニの弟、妹になります。オモニのきょうだいですから、血族的には叔父、叔母になります。

年齢も近いのできょうだいのように育ちました。四男金《キム》ピョンテクさんはわたしと同学年でした。番長を張るほどケンカが強かったのですが、サッカーではズバ抜けた技量を発揮したスポーツ万能少年でした。

わたしには頼もしい同級生でしたが、東大阪朝鮮中級学校三年のときにあやまって校舎三階から落ちて亡くなりました。ほとんど即死に近い状態でした。もし時間が戻るなら、もう一度話したい。きょうだいのように育ち、何でも語り合える間柄だったからです。

「パッチギしてこい」

東大阪朝鮮中級学校二年生になると、近くにあった東大阪市八戸ノ里のローラースケート場によく行くようになりました。

いままで体育が苦手だったのに、ローラースケートだけは不思議とうまかった。自分の存在が発揮できましたから、ローラースケート場に入りびたりになりました。

一九六〇年代のアメリカや韓国の映画を見ますと、ローラースケートをする若者が描かれています。世界的に流行していたのですね。そのローラースケート場で滑り終えると。先輩がいきなり命じるわけです。「生意気な奴は、パッチギするしかない」。

「パッチギ」とは、頭突きをすることです。近くの中学校に行って、生意気そうな生徒が校門から出てきたところをいきなり頭突きをかますのです。

生意気な子とは、帽子をペッチャンコにして、カバンもペッチャンコにして、肩をいからせて校門から出てくる子です。

「ペッチャンコにしたカバン」というのは理解できないかもしれません。学生カバンは教科書を保管しますから分厚いのですが、これを半分くらいの厚さにするために、縫い付けてペチャンコにするのです。

わけわからない行動ですが、それが「ええかっこ」なんです。大人の世界でブランドのカバンを持つことは、おしゃれというか、ステータスになるのですが、少年たちの行動も同じです。ペチャンコのカバンを持ち歩いて、「俺はここにいる」というサインを出していたわけです。

しかし、いきなり「パッチギ」をした相手から反撃されたことは一度もありません。やり返しても仕方がないと思っていたのでしょう。「パッチギ」してくるのは朝鮮人ですから、反撃しても仕方がないと思ったのかはわかりません。

反撃がないから日本学校の番長を「征圧」したことになるわけです。単純なものです。相手にしなかった方が大人だったのかもしれません。

「パッチギ」のことが長くなりますが、なぜヤンチャな子にパッチギしたのか、親に言いつけたりしないからです。

ところが、大人しい、いい子は違います。親にことの顛末を話すことがあるので、ことが大きくなる。だから「パッチギ」はしません。子どもなりにいろいろ計算したのです。

大人たちは中学生が校門前で「パッチギ」している姿を見たらどう思ったのか。学校の校門周辺は人の通行があまりないところでしたから、目撃した大人はほとんどなかったと思います。なんら問題になることはありませんでした。

いまなら当然問題になるでしょう。学校長、PTAは出てくる、教育委員会まで出てくるでしょう。朝鮮学校の先生は「子どものけんかですから」とは言えないでしょう。

わたしらの時代は子どもペースでしたが、いまは何事も大人ペースの社会なんです。

少年グループで張り合い

前にも述べましたが、初級学校時代は朝鮮学校と日本学校の対立がありました。朝鮮人と日本人との対立ではありませんでした。

しかし、初級学校時代と中級学校時代では違ってきました。自分が属している朝鮮学校と日本学校というだけが集団ではなくなってきたことです。

世間でいう「不良グループ」と言われる集団が生まれ、「わたしはこの集団、組織に属している」という自分を守るものが前面に出てきたのです。鎧《よろい》のようなものです。

以下、「不良グループ」という言い方はしません。「少年グループ」です。大人たちが使った用語を用いるのは、当時を語るのに少年の視点からは耐えがたいことだからです。

ここで大人の世界も集団で色分けされることはあげてもいいでしょう。学歴は大学か会社はどこかだけではなく、個別、具体的になっています。どの大学を卒業したのか、学閥はどこか、どの派閥に属するのか、などで判断する材料が大きな価値を持つことになるのです。

ただ、「少年グループ」と大人たちのグループで決定的に違うのは、暴力が支配していたことでした。学歴、収入、企業社会は暴力では決してありません。もっと厳密に表現すれば、直接的暴力ではありません。

「少年グループ」は、ひとえに暴力の威力にかかっていました。これは初級学校時代にはなかったことです。

中級学校時代の集団名は勇ましい名前です。紅蠍《べにさそり》会と名乗り、猪飼野連合というのもあったと思います。これらのグループは、ほかの地域の「少年グループ」と張り合っていました。梅田にも別々のグループがありました。

どのグループも、白のコートバンのベルトをして、腰までズボンをさげて、便所下駄を履いて闊歩していました。なぜか同じスタイルで。

わたしは、紅蠍会、アパッチ会というグループに入っていませんでしたが、「少年グループ」から因縁をつけられたらたいへんな威圧になったと思います。

大阪市南区難波の宗右衛門町あたりをうろうろしはじめ、友達とダンスホールに出入りして、ほかのグループとけんかになりそうなことがよくありました。そこでこう威嚇するのです。

「俺は、猪飼野や。文句あるんか」

こう言うと、必ずビビりました。ですから不良グループに入っていなくても、効き目があったのです。それで勝負がつきました。

暴力団組長が父親の友達もいて、「どこのもんじゃ」と言われると、「わしは○○組のもんじゃ」と威嚇すると、それで収まったんです。暴力こそ秩序を形成していたのです。

しかし、いま「どこのもんじゃ」と因縁をつけられて「猪飼野じゃ」と返して威圧するなんて話を聞いたことはありません。「どこのもんじゃ」とふっかける中高級生（中高校生）もいなくなりました。

粗野な時代というか、荒っぽい時代です。生々しい暴力支配が牙を剥いて闊歩していた時代です。それは少年たちでなく、社会全体でもありました。如実でした。別のことばで言いますと、差別ということになるのでしょうか。

のしかかった暴力に敏感に反応していたとも言えますが、勉強がよくできる子がいじめの対象になりました。勉強ができることは知識が豊富だから、そのことが少年たちにストレスとしてのしかかるものだから、はねのけようとしたのです。わたしは体育ができなかったから、いじめられたことは既に話ましたが、それとは違ういじめです。

森永ヒ素ミルク中毒*で心身に障がいを受けた子がいました。わたしより少し年上の子で、東大阪第四朝鮮初級学校にいっしょに通っていました。心身に障がいがある子をいじめることなどありません。この被害は食の安全性に関係する事件であると知るのは大人になってからですが、わたしと同時代に生まれた子がこんな残酷な目に遭い、猪飼野で懸命に生きていたことは、このわたしの半生の回顧で記録しておきたいです。いまその先輩がどうしているかわかりません。

カッコいい兄ちゃん

近所に颯爽と肩で風を切って白いスーツを着て、取り巻きを連れて歩いているに兄ちゃんが

森永ヒ素ミルク中毒——一九五五年に森永乳業徳島工場が製造した粉ミルクに猛毒のヒ素が入っており、これを飲んだ乳児がヒ素中毒になり、同年一二月九日に厚生省（当時）が患者一万一七七八人、死者一三一人と発表した。乳製品の凝固を防ぐため使用した工業用の第二燐酸（りんさん）ソーダに多量のヒ素が含まれていた。一九六九年になり後遺症が残っていることが発覚。父母たちは森永ミルク中毒の子どもを守る会の活動のなかで裁判闘争と不買運動をたたかった。森永乳業側が七〇年の民事裁判中に因果関係を認めたが、猛毒被害発覚から実に一五年の歳月を要したことになる。それから四年後の一九七四年に、一九七四年に被害者、国、森永乳業三者が被害者の恒久救済で合意、「ひかり協会」が設立された。

いました。「しょぼい」という大阪弁がありますが、その兄ちゃんは「しょぼくない」から、頼もしく見えたのです。ヤクザの兄ちゃんと知ったのはあとからです。

実にカッコいい。生理的に「カッコいい」と感じたのでしょう。

子ども心に将来が閉ざされていると感じていた時代です。就職差別はあるし、周辺の居住環境も悪かった。いまから思うと、自分を誇示したかったのでしょう。自分の存在を何らかのかたちを借りて示したかったのでしょう。

その兄ちゃんが出入りしている近くの事務所について行って、そこで遊ぶわけです。それが暴力団の組事務所でした。同級生がその暴力団の幹部の息子でしたから、違和感などがあるはずありません。

ヤクザが怖いもんだという感覚がない。ご飯も食べさせてくれるし、小遣いをくれたりする。悪い人なんてとても思わない。「いい人」なんです。

ところがわたしが組事務所に遊びに行っていることがアボジの耳に入ったんです。アボジが組事務所まできて、わたしを家にまで連れ戻しました。思い切り叩かれました。

「何しとるんや。友達が悪い。勉強せえ」

いつもわたしに何かと味方してくれたオモニも鬼のような形相で叩きました。わたしの服を引きはがし、あらん限り声を張りあげて叱りつけました。

あんなに怖いオモニは生涯見たことありません。

家出をはかる

アボジの次の手（指導）は朝鮮高級学校への進学を勧めることでした。

「朝高へ進学するのが当たり前やろ」

嫌で仕方がないので、考えついたのが家出でした。同級生と示し合わせて、東京で働く計画を立てました。別にあてがあるわけではありません。

深夜に抜け出す準備まで進めました。こちらはぬかりなかった。割合、身の回りはきっちりしていましたから、シャツ、パンツ、靴下をカバンの奥に潜ませました。わずかばかりの現金もしのばせました。鶴橋の卸売市場でアルバイトをしていましたから、新幹線にも乗れました。

何を考えていたのでしょうか。やはり、朝鮮高校には進みたくなかったのです。

「共謀」をはかった友達は、そんな無謀なことをする人間ではなかった。「オモニ、アボジには内緒やで」と約束したのに、母親にバラしてしまったのです。

決行を決めたその日の朝、彼の母親が家に来て、「あんたとこの息子はなんてことするのか。うちの息子に家出をそそのかした」とオモニに抗議しました。

これで、東京への家出計画はつぶれてしまいました。もちろん、アボジ、オモニにこっぴどく叱られたのは、言うまでもありません。

です。

4　危機一髪からの生還

「広島朝高に行け」

アボジは友達が悪いと考えて、「このままならあかん。悪い友人と引き離せばいい」と考えて、大阪朝高ではなく広島朝高に送られました。実は友達が悪いのではなく、わたしが悪かったんです。

もう一つの理由は、広島は寄宿舎があったことです。寄宿舎生活なら「悪い友人から隔離できる」とアボジは考えたのでしょう。

「広島に行け」と言われたときは、「なんでや」と思いましたが、一方で、「しめた」と感じました。怖いアボジから離れて暮らせるからです。「思惑が一致する」とは、このことを言うのでしょうか。

補導を受けるとか、警察に逮捕されるなんてことはまったくありませんでした。要領がいいというか、立ち回りが素速かったのか。むやみやたらに暴行を働くとか、刃傷沙汰になるということはありません。

では、一線を越えることはなかったのはどうしてでしょうか。どこかブレーキがかかっていたと思います。親が厳しかったから、夜中の繁華街の徘徊も、ダンスホールに入り浸っても、どこかで躊躇している自分がいたのではないでしょうか。

きょうだいの中で、青春時代にヤンチャをしていたのはわたしだけです。ほかは、大阪で朝鮮高級学校まで出て、すべて大学に進みました。それがオモニの自慢でした。なぜ、わたしだけがヤンチャをしていたのか。

厳しいアボジへの反発があったのではないかと思います。とりわけわたしには厳しかった。親として愛情を目いっぱいかけてくれたからでしょうが、そのころはわかるはずなかった。人の親になりつくづくわかることです。

新入生へのきつい挨拶

広島朝高は学校近くの生徒は通学していましたが、ほかは中国、四国地方から入学していました。岡山からの生徒が一番多かったと思います。大阪から来ていたのはわたしだけではなかったでしょうか。

寄宿舎に入ると、先輩にわけのわからない理由で殴られました。新入生に対するお決まりの歓迎行事でした。全員集合で屋上にあがらせられるのです。それを新入生同士が口伝えで「おい、今日一一時に集まるで」と耳打ちするのです。消灯時間が終わった午後一一時を過ぎると、一年生はゾロゾロと屋上にあがって行きました。

「先輩に挨拶してへんやつ、前に出ろ」

「生意気なやつ、前に出ろ」

「タバコ吸うてるやつ、前に出ろ」

寄宿舎で先輩としての威厳と格付けをしたかったのでしょう。しかし、こっちはかないません。「なんでや」と思いましたが、力関係では対抗できるわけありません。

ただ、ビンタの加減を知っていましたから、翌朝、頬が腫れた子はいませんでした。血を流す一年生もいませんでした。先輩からのきつい挨拶でした。

広島に行ってからは急に背丈が伸びました。入学時は一五八センチくらいだったのが、一年間で二〇センチ近く伸び、二年生になったときは、体力的に自信ができてきました。

ええかっこするわけではないですが、二年生の春、「新入生にきつい挨拶はやめにしようや」と、発言しました。以降、こんな「挨拶」はなくなりました。

こう書くと、ものすごく優等生のような印象を持つでしょうが、あいかわらず、友達と夜の広島の繁華街を深夜までうろついたりしていました。

広島朝高時代の寄宿舎生活は、社会について学んだわたしにとって節目となった時期です。一番は、人に対しての配慮を学んだことです。寄宿舎では、おばちゃんが食事の世話をしてくれるのですが、「おばちゃん、イモの煮付けは美味しかった」「キムチ、よう漬かってる。うまい」と一言いうだけで、おかずの量が違ってきたりしました。

先輩、後輩の関係が厳しいことなど、大阪の朝鮮学校ではなかったことです。そこで自分なりに考えたのは、「生きるためにはどうすればいいのか」「先輩がこうきたら、こう返す」「嫌なことを命じられたら、うまくかわす」といったことも自然に身に付くようになりました。

「ヌンチが早い」とか言います。「ヌンチ」とは状況をとっさに察知する洞察力のことです。「在日」の間でよく出ることばです。「在日」の生活の厳しさから身についた処世術かどうか、わかりません。差別社会のなかで生きるには、相手がどう思って、どういった行動をするかを読まないといけません。

広島朝高から大阪朝高に転校

アボジの母親金良能《キム・ヤンヌン》ハルモニは、トック作りがうまく、朝鮮市場では「トックハルマン」と呼ばれていました。

そのことは、すでに述べましたが（「第一章　2済州四三とオモニとアボジ」の「オモニの外国人登録申請は日本人が保証」）、元来、体が弱かった方でした。重い病で床に伏せるようになり、「ソンイガ」を大阪に戻しなさいとアボジに言って呼び寄せられました。

年が下の人の名前を呼ぶときに、名前の最後に이をつけて話すのが一般的です。洪性翊《ホン・ソンイク》の性翊を呼ぶときに、金良能ハルモニはいつも「ソンイガ」と呼びました。初孫でかわいかったのでしょう。

三年生の新学期に大阪朝鮮高級学校（大阪朝高）に転校することになりました。広島でやっと怖いアボジから逃れていたのに、これでは元の木阿弥になりました。

二年早く学校にあがっていますから、大阪朝高に転校したときは誕生日（一一月一九日）が来ていなかったので、一四歳でした。

葬式も終えて、しばらくすると、アボジは「朝鮮大学に進まんとあかん」と命じました。だいたいこう話してくると、悪いことばかりしていたように思われがちですが、あながち間違いでなくとも、大阪朝鮮高三年生は地域のハラボジ、オモニの世話などする夏期学校などで、真面目になるように鍛えられたのです。

夏期学校は泊まり込みで地域に入りました。いくらヤンチャをしていても学校の行事を無視などできません。これは広島朝高にいても同様でした。

わたしは東大阪市内の岸田堂に行きました。ほかの生徒も大阪府内の朝鮮総聯大阪本部の支部、分会のもとで活動しました。

期間は八月一日から一五日まででした。日本の学校に通っている子どもたちに朝鮮語と朝鮮の歴史も教えました。朝鮮総聯大阪本部岸田堂分会の事務所が教室に変わりました。

朝鮮大学の学生も一緒に参加し、午前中三時間ほどは教えました。午後は地域の高齢者の家を訪問して、家事手伝いや掃除などで、食事は訪問先の家でいただきました。

最終日は子どもたちと淡路島でキャンプして打ち上げとなりました。

この夏期学校こそはヤンチャだった生徒も影響を受けて、「在日」の現実に気づくのです。自分の家では自覚していなかった現実に出合うのです。

三年生は八月一六日からやっと休みです。これほど日程がつまっていて悪いことができますか。

朝鮮大学への進学

三年生はあっという間にすぎました。

夏休みが終ると、アボジはまた朝鮮大学への進学を勧めました。子どもに学歴をつけることに加えて朝鮮大学は寄宿舎がありましたから、朝鮮大学進学はアボジの揺るぎない方針でした。とてもアボジには反抗できません。師範教育学部美術科なら二年で卒業できるし、漫画が好きだから美術科がいいだろうと、進学を決めました。

朝鮮大学に入学すると、美術科同級生一二人のほとんどは美術の基礎ができていました。油絵もデッサンも慣れたもんです。朝鮮高級学校の全国の美術コンクールで一位をとったり、絵でずば抜けている同級生ばかりでした。

「漫画が好きだから」と入学してきたわたしとは違いました。

もう一人の同級生の李康碩《リ・ガンソク》君は京都朝鮮中高級学校では柔道部の主将で、美術とは無縁でした。彼も漫画が好きで入学してきました。彼はわたしと同じく苦労したと思います。あまりにも他の同級生と実力の差があったからです。

高校までは先輩が後輩を酷使しましたが、大学では先輩―後輩という関係ではなく、「トンム（同志）、トンム（同志）」と言って大事にしてくれました。

朝鮮大学での寄宿舎生活は同室に先輩三人ともにしました。チョ・モナンさん、シン・ドクチュンさん、キン・グアンウさんで、兄貴のような存在としていろいろ面倒見てくれました。とにかく一年先輩の美術科は三人だけでしたから、七期のわたしらは六期の四倍の一二人（男女

教育実習のために訪れた熊本市健軍町で（朝鮮大学２年生の夏、子どもたちと）。

とも六人）も入ってきたのですから、歓迎してくれたのだと思います。

わたしと同じく「漫画が描ける」だけで入学してきた李康碩君は朝鮮学校を卒業して美術の先生になったのですから、たいしたもんです。神戸朝鮮中高級学校の美術教師朴一南《パク・イルナム》君はわたしより一年後輩で、いまも作品を批評し合っています。

オーディオを購入したものの

師範科に入学すると、必ず教育実習があり、一年生は愛知朝鮮高級学校、二年生は東京第五初級学校で授業をしました。これに、夏休みは一年生が熊本県熊本市健軍町《けんぐんまち》二年生は鳥取県米子で夏期学校の日程がつまっていたのですから、朝鮮大学時代は次々と用意されたカリキュラムをこなすだけで精一杯でした。

一九七五年四月に初めて描いた絵があります。広島朝高で知りあい結婚した妻の実家にプレゼントしましたが、絵具をなんども塗り分厚くなったを描いた作品で、いま見ると恥ずかしい限りです。

しかし、懸命に油絵に取り組んだことがわかる作品です。

二年生の春のことです。わたしはオーディオを購入して寄宿舎の部屋に持ち込みました。当時、丸井のクレジットカードが出始めたころで、最初に現金で支払わなくてもいいので、収入のあてもないのに一〇万円を超えるオーディオを手に入れました。

二段ベッドの自分の空間で聴くにはいいだろうと思ったのですが、大学ではそんな個人的嗜好は認めていませんでした。明らかに規則違反です。

一〇か月払いでしたから、〈月一万円くらい払えるわ〉と軽くみていました。とんでもない。滞納するから督促状が次々と来るわ、手に負えなくなりました。返えすお金がないのです。大学の授業に出る余裕がなくなってきました。

二年生一月末に大学の寄宿舎を抜け出しました。オモニのきょうだいになるおじさん金信沢《キム・シンテク》さん（三歳違いなので、兄弟のように育ち「信ちゃん」と呼んでいた）が東京の大森にいたので、そこに転がり込んで、アルバイトに専念して返済していくことにしました。

パチンコ店で二週間ほど働いたあと、午前、夜、深夜と三件のアルバイトをこなすことで、なんとかなるだろうと思いました。

パチンコ店のあとラーメン店で昼間働いて、夕方からは銀座にある「銀《ぎん》巴里《パリ》」というシャンソンクラブでウェイターのアルバイトをしました。話が脱線するかもしれませんが、美輪明宏さん、越路吹雪さんのシャンソンを生で聞くことができました。なんと暢気なことを言っているなと思われましょうが、シャンソン好きのわたしにはたまりませんでした。

午後一一時半に仕事を終えると、そのあとは午前一時から四時まで錦糸町のサパークラブで、同様のバイトです。しかし、当初予定していた一か月間での返済などできっこありませんでした。

ガラスの灰皿で殴られる

三月初めのことです。サパークラブのバイトを終えて近くの喫茶店に入りました。そこは、一階が焼肉店、二階が喫茶店になっていて、わたしはその喫茶店で働いていた彼女がお目当てで、毎日のように通っていました。

当時は携帯電話もありません。実は彼女は急に喫茶店を休みだしたので心配して、彼女の家まで見舞いにも行きました。

三月なのに寒の戻りというのですか、三月のその日はとりわけ寒い日でした。一週間ぶりに仕事に出た彼女は、店が明けると、喫茶店入口前に立っていて、わたしを見つけると、足早にほかのところに行こうしました。すると、待ち構えていたのか、丸刈りの兄ちゃんがわたしと彼女をみつけて立ちはだかりました。

「おい、こら。そこの若いの、三階の組事務所に来い」

「何ですの」と言ったと覚えていますが、わたしが反論する余裕もなく無理やり彼女とともに喫茶店と同じビルにある組事務所に連れ込まれました。暴力団の組事務所でした。

その兄ちゃんは、彼女を何度も探し回っていたようです。久しぶりに店に出た彼女がわたしとどこかへ行こうとしているので、相当焦っていた感じでした。彼女を「やっと見つけた」とも呟《つぶや》いていました。「長いこと休んで、そのわけがこれか」と、わたしを睨みつけました。

彼女とわたしがどこかに逃避行するのではないかと疑ったようです。睨みつける眼光は一八歳のわたしを震えあがらせる恐怖を覚えさせるものでした。

〈これはえらいこっちゃ〉と思いました。親しくなった女性の恋人が丸刈りの兄ちゃんだったのか、とも邪推しました。

組事務所にあがると五、六人くらいの屈強な若者が立っていました。中央のソファーに座らされました。わたしが一言、二言言おうとすると、いきなりクリスタルガラスの大きな灰皿で頭をボコボコにされました。ほかの連中も加勢したから、もうメチャクチャです。

そばにいた彼女は、「やめてください、やめてください」と制止しようとすると、そのことばに激昂した兄ちゃんはさらに別の鉄の灰皿でわたしの顔面を殴りつけました。

「イ、ノム（このやろう）」「テレ、チユゴボレ（殴り殺してしまえ）」

朝鮮語が聞こえたことで、薄々感じていたことに確信をもちました。一階の焼肉店の名前が朝鮮半島の地名でしたから、〈喫茶店も焼肉店も経営者は朝鮮人にちがいない〉と考えていたから、吐き出すように言いました。

「チョソンハンミダ（すいません）。ミアナミダ（すいません）」

別に謝る必要がないのですが、こういうときには自然と出ることばでした。

すると、兄ちゃんはびっくりして、急に殴るのをやめました。

「もしかしたら、おまえは朝鮮人か。なぜ早く言わんのか。バカ野郎。夢の島にでも埋めるつもりやった」

「応急箱、取って来い」と兄ちゃんは若い衆に命じて、頭部にぐるぐると包帯を巻きました。

「すまなかったなあ。大丈夫か」

態度の急変にも驚きましたが、わたしが朝鮮語を発しなければ、どうなっていたことか。なぜ殺そうとまで思っていて、朝鮮語を聞いたら歯止めがかかったのでしょうか。同じ民族として手を下してはならないと判断したのでしょう。

兄ちゃんはそばにいた彼女にかなりの枚数の一万円札を握らして、「これで、早く医者に診てもらえ」と諭《さと》しました。ぼう然として立たずむ彼女に、「必ず病院に行け」と言って、組事務所から追い出しました。

未明のことです。病院は開いていません。意識は朦朧《もうろう》としていました。組事務所から彼女の部屋に行ったのか、何の記憶もありません。身から出たサビとはいえ、もう少し殴られていたら、多分死んでいたでしょう。

九時になり病院へ行きました。傷口をぬってもらい、また二日ほど意識朦朧の状態で寝ていました。

あの兄ちゃんは東京の「夢の島」に埋めても探し回る人間もいないと見たのでしょう。えらい目に会いました。いまも眉間に傷跡が残っています。

探し回っていたアボジ、オモニ

三日後に少し意識が戻り、腫れあがった顔のままサンチョンの信ちゃんの大森の家に行くと、信ちゃんはわたしの変わりようにびっくりして「どこの誰にやられたんや」と、問いつめました。行方不明になっているわたしを本当に心配しているようでした。

「信ちゃん、もういいです」とわたしは押し留めると、返って来たことばは、

「アボジ、オモニが探し回っていたのを知っているのか。どれだけ心配していたかわからんのか」と叱責《しっせき》しました。大学からわたしが寄宿舎を出て行方不明になっていたから、アボジ、オモニに連絡が行っていたのです。

信ちゃんは大阪のアボジに連絡をとろうと、近くの公衆電話ボックスに入り、ダイヤルを回そうとしました。わたしは、「アボジ、オモニのところに帰るのも、大学に戻るのも、どっちも嫌だ」

と言い張ると、

「早《は》よ、大学に帰らんかえ」

と信ちゃんは血相を変えて怒りました。

「こんなことになって姉さん（わたしのオモニ）に申しわけない」とも言いました。

電話ボックスの会話はこうして長々と続き、結局、ことの顛末はアボジ、オモニに知られることになりました。

静岡県南伊豆石廊埼にスケッチで訪れた（著者は写真左、朝鮮大学１年の夏）。

こうして渋々《しぶしぶ》大学に戻ることになったのです。

金漢文先生の指導で変わる

もう少しで人事不省になりそうだった事件で、わたしは自分の力のなさを痛感しました。身も心もズタズタでした。

卒業式はすでに終わっていました。同級生の一一人の大半は赴任する朝鮮学校も決まり、寄宿舎からすでに出ていました。優秀な二人は研究生として大学に残ることにもなっていました。

わたしだけが卒業もできないままでした。

がらんとした寄宿舎にわたし一人が取り残され、部屋には問題のオーディオが何ごともなく「鎮座」していました。

普通なら出席日数が不足し留年のはずです。しかし、一年生から指導にあたってきた金漢文《キム・ハンムン》*先生は朝鮮学校の美術教師として、わたしを育てたいと考えておられたようです。教育実習の評判がよかったので、まだ芽があると見ておられたと思います。「留年」と判定をくだすことは

金漢文――著者(洪性翊)が恩師とする教育者。一九三六年、東京都生まれ。一九五五年から東京の朝鮮学校で教師を務め、一九六九年に朝鮮大学美術科教員になる。一九七四年、在日朝鮮中央芸術団の一員として共和国を訪問、朝鮮画の第一人者鄭鐘如(チョン・ジョンヨ)から朝鮮画を学ぶ。生まれて初めて正式の朝鮮画の師匠でもある鄭鐘如と出会いを機に油絵を捨てて朝鮮画を追求。一九七八年に個展「波と岩」を開いた。一九八一年七月には、教育者代表団を率いて共和国を訪問。一九八三年には自主編集の美術教科書『図画』発刊、一九九〇年二月に病に倒れるが「主体的美術論」を書き続けた。一九九一年一〇月八日に死去(自著『朝鮮の美―民族の魂を求めて』〈雄山閣、一九九六年〉参照)。

朝鮮大学の美術研鑽につとめた美術室で（著者は写真左、同級生と写す）。

ありませんでした。

生まれ変わるときが来た

四月初め、アボジ、オモニは一歳違いの弟洪性佑《ソンウ》が入学式に出席するため上京しており、額に絆創膏を貼ったわたしを見て何か言うのかと思いましたが、何も言いませんでした。バツが悪いのと、気遣いするアボジ、オモニに申しわけない気持ちで、情けなくなりました。

入学式の後、金漢文先はわたしのために時間をとってくださり、マンツーマン指導でいろんなことを教えていただきました。美術教育のこと、教育実習の評価、すでに赴任先が決まっている同級生のことなど。

最後に、「それでは自分の人生を反省した総括文を書きなさい」と宿題を与えられました。これが簡単ではありません。どこが間違っていたのか、これからどうするのか具体的に書くのです。

事件を聞いていた研究生の同級生は、時々顔を出し、総括文の仕上げに難渋しているわたしを励ましてくれました。クラスの同級生で班長をやっていた金ガンヨンさんは兄貴のような存在で、「大きなケガがなくてよかったなあ。今度こそ大丈夫やろ。チャラじゃ（頑張ろう）」と声をかけてくれました。同級生は本当にありがたいものです。

フーフー言いながら、朝鮮語で書きあげました。対面指導で五日目に先生は「総括文」を読んでこう言われました。

「これまで信じていたら何度も裏切られてきた。今回はえらい目にあったが、人生でいい経験をしたと思い、これからの人生でプラスにしないといけない。ただ、こうした事件がこれからあっても、大学関係者、保護者、友人は、もうカバーしてくれない。社会に出たらそういうことにはいかない。自分がすべて責任を負わねばならない」

金漢文先生がどんな指導をされたのか。いまになって、先生の著書『朝鮮の美——民族の魂を求めて』(雄山閣、一九九六年)のあとがきに先生が書いておられた指摘で気付かされたのです。「(金漢文先生の)美術教育のいま一つの特徴は、三世、四世の若い人たちや学生の内面にひそむ、朝鮮人である自分自身と朝鮮的なものへの嫌悪、不安、自信喪失、周囲への懐疑と不信からくるニヒリズムの克服であった」

わたしにつきっきりで指導をしていただいた情熱は、わたしのなかに巣食うニヒリズム、不安を克服するため、「どうか自分で立ちあがれ。希望をつかみとれ」と懸命に指導をいただいたものと思います。

最終的に事務堂(事務棟のこと)で大学学長から卒業証書の授与を受けました。もちろん、同級生は二週間も前に卒業しており、わたし一人だけの卒業式でした。同時に北陸朝鮮初中級学校赴任の任命書を受けました。

二歳早く朝鮮学校に入学していましたから、一八歳の四月でした。

第三章

連作「祈り」の誕生

1　評価を受けた美術教育――福井で教師生活スタート

熱心に美術教育――生まれ変わった福井での教師時代

わたしは赴任した福井市にある北陸朝鮮初中級学校（現在休校中）で懸命に美術教育に取り組みました。わたし自身も〈もう後がない〉の一心でした。

金漢文《キム・ハンムン》先生が赴任後一年ほどして訪ねて来られて、わたしの豹変ぶりに驚かれました。朝鮮大学時代の生活からはあまりにも違っていたからです。子どもたちに懸命に絵画を教える姿は「別人か」と思われたほどです。

「教育により人間が育つ」とは、よく言われることですが、大学卒業前の金漢文先生の指導でわたしは教育に取り組む覚悟が生まれたと思います。

福井に来て、在日朝鮮人が多く住む生野区では出会わなかった厳しい状況に気付きました。

大阪からＪＲに乗れば、北陸本線の福井駅近くを平行に走る越美北線があります。越前花堂駅から福井県大野市の九頭竜湖駅までの路線が越美北線です。学校に一番近い駅が越美北線の越前東郷駅です。一時間に二本ほどしか列車がないのです。

遠く大野市などから通学する生徒たちは、七歳で親元をはなれて寄宿舎生活に入らねばなりません。石川県、福井県、富山県の山間部から入学してくるのです。大阪の朝鮮学校では想像すらできない厳しい環境にいました。

生徒は二三〇人ほど在籍し、寮生一五〇人はいたでしょうか。幼稚園もあり二〇人の子どもたちが通っていました。新入生の入学式では子どもたちが寄宿舎に入り、父母はしばらくわが子に会えなくなります。

式を終えると父母は遠く離れた富山や石川の家に帰って行くのですが、ともに泣き崩れる姿に何度も出会いました。舎監をしていましたから、目に焼き付いています。

朝鮮学校の存在があたり前だった大阪での経験は、ことごとく崩れ去りました。

在日朝鮮人として朝鮮語を身につけ、民族意識を養っていくことがどんなに大変なのか。福井に赴任して初めて知りました。子どもたちへの美術指導に身が入ったのは当然です。

デッサン力もなければ油絵の技術もなかったのですが、遠くから通う生徒のことを思い描いた作品「雪のなかで」を仕上げました。赴任一年目の冬のことです。在日朝鮮人の芸術活動団体在日朝鮮人文学芸術家同盟（以下、文芸同）の中央の作品展に出品したのですが、稚拙なデッサンであっても高い評価をえました。

本当に学生時代と比べれば、真面目そのものの毎日です。自然に恵まれた福井で生活を送れ

北陸朝鮮初中級学校教師３年目、担任の生徒たちと写す。クラス担任を持ち、さらに１年受け持った。充実した教員生活を送った。

たことが、わたしの性格にも影響を及ぼしたと思います。感性の瑞々《みずみず》しい一八歳のときに福井に教師として赴任できたことは幸運以外にはありません。

雪の彫刻、陶芸指導

福井に来て三年目、二一歳のときに広島朝高の一年後輩の韓清子《ハン・チョンジャ》と結婚し、大阪の朝鮮学校に移ることもできましたが、福井にもう一年残ることにしました。二年生の担任を受け持ち、持ち上がりで最終学年の三年生まで担任を受け持つことにしました。

福井は雪深い地です。雪が降れば、校庭で生徒たちと雪だるまを作ったり、雪合戦をしたりしました。スキーもしました。冬はグラウンドに出て雪を固めて雪彫刻を制作しました。外気のピーンと張りつめた空気に、子どもたちはキャーキャーと走り回っていました。

自宅はＪＲ福井駅近くにあり、ある朝、顔が刺すように痛いので眼を覚ますと、窓の大方が雪でおおわれていました。通勤で使っていた車が雪ですっぽりと埋まり、休日には屋根に積もった雪をおろすことが日課になったこともありました。

春はいっせいに花が開き、子どもたちと野山に分け入り、草花を摘みました。秋は栗、銀杏《ぎんなん》など自然の恵みを存分味わいました。

こうした経験は大阪、広島、東京では一度もありません。だから新鮮であり、カルチャーショックと名付けるような衝撃でした。自然豊かな地で育つことがどれだけ子どもたちの感性に影響を及ぼすか、子どもたちの表情から感じとることができました。

陶芸指導をはじめたのも全国の朝鮮学校で福井が初めてではなかったでしょうか。父母の方から高額の登り窯を寄付していただき、陶芸指導を継続してやることができたと思います。茶碗、玩具などを焼きました。美術コンクールで連続して優秀賞をとり、美術教育で高い評価を受けたのは福井に来たからです。

「在日」画家の活躍に出会う

福井で四年間教えて、大阪に帰り、西大阪朝鮮初中級学校の教壇に立ったのは二二歳のときです。ここでも超マジメな教師生活でした。

ＪＲ鶴橋駅前の国際市場に通じる鶴橋商店会に面した二階建ての自宅に移り住みました。大阪朝高以来の大阪住まいですが、アボジは「大阪に帰って来たのだから、そろそろ商売に身を入れてくれるだろう」と期待していたのだと思います。しかし、家業にはほとんど関心がなく、いかに自分の美術の技量をあげるかに没頭しました。

久しぶりに大阪に帰って驚いたのは、多くの「在日」の作家が活躍していたことです。大阪以外に、京都、神戸でも活躍している作家に出会いました。

夏休み期間中には、東京から朝鮮大学美術科の卒業生が大阪に来て鶴橋の家に立ち寄りました。深夜まで「在日」美術論で盛り上がったものです。

議論でよくでたのはエコール・ド・パリの話でした。第二次世界大戦のさなか、パリのモンマルトル周辺に、フランス、スペイン、ポルトガル、ルーマニアなどのヨーロッパの様々な芸術家が集まり、多文化が共生する場となっていました。この時代の芸術家の活動を広義のエコール・ド・パリと名付けたのですが、絵画作品も文学作品も異なった文化圏の刺激により新たな境地を切り開く作家が輩出しました。ピカソやユトリロなどが出たのはこの時代です。

「在日」のわたしたちの議論は、「在日」の画家がどうした作品を生み出せるのか、の一点に集中したといえます。「在日」だからこそ描ける世界があると、いかにも若者らしい希望に満ちた議論でした。

植民地支配がなければ朝鮮半島で生まれており、母国で韓国人、朝鮮人として生きていたでしょう。それがいま日本で生まれて生活している。そこでどんな作品を創りだせるのか。わたしたちの議論が落ちつく先は、いかに「在日」の美術を創り出せるのかという希望のようなものでした。

朝鮮大学で学んだ思想は、芸術行為は人間の内面世界の表現であり、人間社会の描写だという社会主義リアリズムでした。一九世紀ロシアの画家たち・レーピン*、セローフ*、イワン*・クラムスコイの絵には大きな影響を受けました。

イワン・クラムスコイの『見知らぬ女』は、レオナルド・ダ・ヴィンチの『モナ・リザ』を凌駕するものではないかと評価しています。

光州事件の衝撃

大阪で衝撃を受けたことがもう一つあります。「在日」が韓国の動向に最も敏感に反応して活動していたことです。「光州《クワンジュ》事件」(当時使われた用語が光州事件だが、現在は光州民主抗争、光州民衆抗争と呼び運動の本質をとらえている。以下、光州民主抗争*)での韓国民衆への支援は一気に高まりました。

〈時代は着実に変わっているのだ〉と実感しました。

レーピン——一八四四年—一九三〇年、ロシアの画家・彫刻家。社会の最下層をテーマに描いた。

セローフ——一八六五年—一九一一年、ロシアの画家。肖像芸術家の一人。

イワン・クラムスコイ——一八三七年—八八七年、ロシアの画家。「見知らぬ女」は代表作。

光州民主抗争——韓国現代史上最も悲劇的事件だが、市民がいのちを賭してでも自由を守ろうとした「市民革命」ともいえる抗争。全斗煥(チョン・ドゥファン)率いる新軍部が一九八〇年五月一七日、二四時間の非常戒厳令を全国に発令し、金大中(キム・デジュン)など野党指導者を国家反乱扇動罪で逮捕し、金泳三(キム・ヨンサム)を自宅軟禁にした。これに抗して自由を訴えた光州市民を戒厳令軍が武力で鎮圧し、二七日には全羅南道庁に留まった市民を虐殺した。この間の民主抗争を言う。政府が正式に発表した犠牲者は一九一人、負傷者は八五二人とされるが、実際は二〇〇〇人とも言われる犠牲者を生んだ。しかし、以降、民衆が自由を求める抗争は消え去ったのではない。光州民主抗争は韓国民衆革命の原点とされ、一九八七年六月の民衆闘争で全斗煥を権力の座から引きずり下ろした。

「韓国の民主化ですごいことが起きている」

西大阪朝鮮初中級学校の教室でも、生徒たちに「ソウルの春*」のニュースを伝えました。朴《パク》正熙《チョンヒ》軍事政権は維新*体制と呼ばれていましたが、その時代が潰えたのです。地下に潜っていた民主抗争が堂々と活動できるようになった時代が訪れたことに感動を覚えました。

光州民主抗争と呼ばれた市民がいのちを賭してでも自由を守ろうとした軍部とのたたかいほど、わたしの創作意欲を後押ししたたたかいはありません。当時の新聞の切り抜き、伝えられた詩をいまも保存しています。

「戒厳令拡大は暴挙」―『朝日新聞』一九八〇年五月二〇日

「民衆の怒り炎上　総合記者会見」―『読売新聞』一九八〇年五月二二日

韓国の新聞は軍部へ抵抗する市民を「暴徒」と報じていましたが、日本の新聞は「光州事件」の事実をよく伝えていました。また外電（ＵＰＩ）が軍の弾圧を写真で報じ、それを新聞（『毎日新聞』）が転載して、生々しい事件の様子を知ることができました。

『世界』一九八〇年八月号（四一七号）の「暗黒の記録――韓国からの通信　Ｔ・Ｋ生」には、「ああ、光州よ、わが国の十字架よ」という詩が掲載されました。当時の訳ですが、最初の五行だけを引用します。

ああ光州よ、無等山《ムトンサン》よ

死と死の間に
血の涙のみを流す
われらの永遠なる青春の都市よ
われらの父はどこに行った（ルビは原文のまま）

『世界』の特集は、〈証言〉光州事態などがあり、前月号にも光州のことが載りました。

『世界』八月号は「光州の一詩人」が作者とされていましたが、詩人金準泰《キム・ジョンテ》の作であることが二か月後にわかりました。『福音と世界』一九八〇年一〇月号に、金準泰さんが「ああ、光州よ、われらが国の十字架よ！」という同じ詩を発表しています（二三ページ～二五ページ）。最近では、二〇一八年に金正勲《キム・ジョンフン》さんの訳で『金準泰詩集　光州へ行く道』（風媒社）が出版され、第1部「ああ、光州よ」のなかに含まれています。

光州民主抗争の犠牲者は韓国政府の公式発表で一九一人とされていますが、当時、聞いたのは、二〇〇〇人という犠牲者の数でした。

わたしは光州民主抗争に分け入って分析したり、政治的な直接行動をするのではありません。おこがましく韓国の現状について書こうとは思いません。「在日」のわたしが、無力ながらも何

ソウルの春——突如生まれた権力の空白は民主化要求が一気に進み、政治的自由の叫びは一九六八年の「プラハの春」になぞらえて「ソウルの春」と呼ばれた。

維新体制——一九七二年一〇月一七日に非常戒厳令を布告し、一二月二七日に大統領独裁を強化した維新憲法を公布。朴正熙が暗殺された一九七九年一〇月二六日までをさす。

ができるかにありました。日本にいるわたしが光州民主抗争（「光州事件」）をどう見たのかという、その一点に集約されていました。

朝の授業の前に生徒たちに断片的にニュースとして入ってくる「光州民主抗争」のことを説明しました。

「南朝鮮でいま大変なことが起こっている。軍部が光州の人たちに向けて銃弾を放ち殺害したらしい」／「何もわからないアジュモニ（おばさん）たちが学生たちに食事を作ったりして支援している」

生徒たちに関心を持たせることが義務だと思っていました。わたしは高ぶる感情を抑えつけられず涙を流しながら生徒たちに話したこともあります。生徒たちがどれだけ理解していたかはわかりません。

自宅から三、四分で行けるJR鶴橋駅前で「光州民主抗争」のことを知らせるビラを撒きたいとも考えていたほどです。多くの日本人にこの事実を知ってもらい、抗議してほしい。そんな思いでした。

光州でたたかった彼ら、彼女たちが血を流したり死んだりしたのに、絵を描いている人間は何ができるのか。そのときにたどりついたのは、最終的には〈祈り〉というテーマでした。一九八〇年の時点では作品として表わす力はありませんでしたが、一九八八年に大阪で個展を開くときには、そのテーマが実を結びました。

一九八一年に「光州民主抗争」をテーマにした六〇号の作品を描いています。学生を支援するアジュモニ（おばさん）の姿を描きました。稚拙な作品でしたが、なぜか河合勝三郎先生から評価されました。いま見ると、あのときの熱い想いが出ています。自分が光州の人たちを助けたいという思いが率直に描けたと思います。

しかし、描きたいテーマのイメージが頭の中ではぼんやりと浮かびながら、しかし描けないのです。ダメなんです。いまから考えると、「祈り」というテーマに結びついていく途上にあったと思いますが、何よりも技量がついていかなかった。ヘタなんです。自分の力のなさをほとほと痛感しました。

〈これでは、あかん〉と本格的に美術を学ぼうと心に決めたのは、「光州事件」がきっかけでした。

2　大阪市立美術研究所で絵画修行七年間

美術の基礎から学び直す

西成朝鮮初中級学校の専任教師をやめる決断をしました。時間講師になり、大阪市天王寺区、天王寺公園内にある大阪市立美術研究所（以下、研究所）に通うことにしました。

問題は専任から時間講師になるのに学校側が許してくれるのかどうかでした。当時、講師制度はなかったのですが、許大吉《ホテギル》教務主任は「美術の技量を高めるためならいいでしょう」と、背中を押していただきました。

一九八一年四月、専任から時間講師になり、絵に集中できる環境が整い、朝九時から午後四時まで研究所でのデッサンの毎日が始まりました。一九八二年一月、二五歳の時でした。西成朝鮮初中級学校以外に福島、南大阪の朝鮮初中級学校の教師と大阪朝高では美術部顧問で絵画の指導もしました。研究所は朝の石膏デッサンの前期、後期、人体部、絵画部とあり、すべて修了したら、特待生になる資格ができるのです。特待生になるのは、研究所展で先生方の推挙を受けなければなりません。道のり遠い「修行」が始まったのです。

毎日がデッサンです。しかし、先生が直接教えてくれません。二か月に一回作品展を研究所内で開く。そのときに先生が指導して、合格点が取れれば次の段階に進めるのです。小林武夫先生、辻司先生などから指導を受けました。

朝九時前に研究所の前に並びます。デッサンをするには、場所取りをしないといけません。窓側の場所だと光も入って来ますから、陰影があるデッサンが描けます。まずは場所取りが勝負でした。高麗《コリョ》美術会を主催した金石出《キム・ソクチュル》さん、林在鳳《イム・ジェボン》さん、金屏民《キム・ビョンミン》さん、金剛石《キム・グアンソク》さん、わたしの大阪朝高の教え子、金英淑《キム・ヨンス》さんも学びました。先輩では栄英玉《ソン・ヨンオク》先生も学んでいました。

妻が店を取り仕切る

しかし、画家の道を歩み出したのはいいのですが、たちまち生活に困窮することになりました。妻韓清子《ハン・チョンジャ》との間に、長男洪棟基《ホン・トンギ》が二歳六か月、生後六か月の長女洪昇希《ホン・スンヒ》がいるときです。なんとか生活費を稼ぐ必要があるわけです。清子に「朝鮮学校の専任やめて、絵の勉強するで」と言うと、「あんたがやるんやったらやり」と賛成してくれました。それから清子には苦労をかけることになります。

しかしアボジは反対です。

「いつまで絵や」

アボジは「絵で食べられない。早く家の仕事に専念しろ」が口ぐせでした。長男のわたしが家業の「家業を継がずにどうするのか」の一点張りでした。朝鮮食品の製造、販売が軌道にのるまで、アイスクリームのコーンの製造、魚屋卸の下請け、祭祀用（神霊や祖先を祀る儀式）の食器販売など、業種を問うことなくあらゆる仕事をしてきました。

「生き抜くためには、選択の余地などない。絵などとんでもない」

余人の介入を許すような「やわさ」はありませんでした。

そんななかで、オモニはＪＲ鶴橋駅前の国際市場で店を出していて、隣の五坪ほどの店が空いたことを知らせてくれて、「豚肉屋をやり」と勧めてくれたのはありがたかったです。

近くの方から豚肉の処理の仕方を学んで、豚肉を売る店を出しました。小さいころから、店を手伝っていましたから、家族総出で手作業でトックを作り、自転車に乗せて配達もしました。ですから商売をすることに抵抗もなく入れたのですが、これも絵を続けるためでした。

早朝に豚肉の枝肉が松原市内のと場から届くのですが、モモ肉やバラ肉にわけて売るのですが、豚肉の処理は近所の方に習いました。

朝五時に起きて枝肉などの処理をしていくのですが、最初は手こずりました。何でもそう簡単なものはない。なんとか店頭に並べたら、研究所に急ぎました。あとは妻任せでした。

二女潤希《ユニ》が生まれて間もなくですから、妻はその娘を背負い、豚が売切れるまで店で働いていました。研究所に行ったら、夜まで帰ってきません。勝手なもんです。

ところが、商売の方はうまくいかなかったのです。半年ほどで店をたたみました。枝肉があまり売れなかったのが大きく響きました。もし商売がうまく回転していたならば、朝鮮市場でアボジの仕事を手伝っていたのかもしれません。

一九八四年に徳山物産が設立され、妻が社員として勤めて生活を支えてくれました。その後、会社には弟、妹が勤めて、事業を拡げるのに努力してくれました。わたしの韓国での事業もありますが、日本でトックと冷麵の製造と販路拡大に邁進してくれたことが、いまの徳山物産に結びついていると思います。社員の努力も言うまでもありません。

一九八一年に集中した美術研鑽

豚肉販売を始めた一九八一年は美術に関しても様々なことが重なった年でした。

金石出《キム・ソクチュル》さん、金載亨《キム・ジェヒャン》さんが始めた高麗《*コリョ》美術会が創立第一回作品展を開いたのも一九八一年です。わたしも作品パンフを作成に協力しました。白黒の簡単なものでしたが、自分たちの作品が印刷物になることにワクワクしました。文学仲間が同人誌を作るのも同じ気持ちだと思います。

もう一つ、一九八一年の美術の活動は、共和国を訪れたことです。朝鮮学校の芸術関係の教員五〇名が代表団を組み七月後半から九月半ばまでの二か月間の長期に及びました。団長は金漢文《キム・ハンムン》先生でした。

そのときには、わたしは朝鮮学校の専任ではなかったので、本当なら代表団に入ることができなかったのですが、金漢文先生が団員の一人として加えてくれました。同級生の滋賀朝鮮初中級学校教員李康碩《リ・ガンソ》君も一緒でした。

最初の二週間ほどは名所まわりです。本国の民族性をもっと教育指針に取り入れないといけないという考え方があったと思います。

美術教員は朝鮮画の特別授業を受けました。元山《ウォンサン》のホテルで一日六時間びっちしです。万寿台《マンスデ》創作社の先生三人が指導しました。ねらいは、水墨画である朝鮮画で現代を描く技量を高めることにあったと思います。

朝の一時間は筆の運び方の練習です。「永」という字の一画、一画にすべての筆の要素が取り入れられているから、朝鮮画には「永」の字を完全に書かないといけない。たとえば、一画目では最初に筆をおろす場合に力を入れるとか、二角目は最後にすっと力を抜くとかの練習を一か月繰り返しました。筆力をつけるため一日何十枚も描きました。墨のすり方まで学びました。

それから、蘭や梅を描く基本から勉強でした。チョン・ジョンヨンさんら朝鮮の有名作家の

高麗美術会――「在日」二世、三世が主体となり一九八〇年二月に設立した。毎年一回美術展を開いてきたが、一九九八年の第一八回美術展で解散した。設立の趣旨や主張はコラム3参照。

模写です。チョン・ジョンヨンさんの弟子の方から教えていただきました。
筆でのスケッチを繰り返し、最後は創作をしました。サギの絵でした。
帰国後、高賛侑《コウ・チャニュウ》さんが編集長をしていた月刊情報誌『サンボン』で水墨画の挿絵をたのまれて三回ほど連載しましたが、共和国で朝鮮画を学んだおかげです。

コラム 3

高麗美術会　光州（クワンジュ）市民抗争をきっかけにして生まれたとも言われる。著者（洪性翊（ホン・ソンヨク））が第一回美術展から関わった団体だ。会の設立趣旨、活動は三回の美術展の画集で記載されている。「在日」美術史の上でもその軌跡をたどることは意味があるし、また何が課題となっていたかを明確に示してもいる。

一九八五年五月二七日に開いた第五回美術展では次のように述べている。以下、紹介する。

「思想、信条の差をのり越え、美術創作を通じて、祖国の自主的平和統一に寄与したいという願いをこめて、一九八〇年二月に発足きれました。会員は全て在日同胞二、三世であり、結成来年一度の展覧会を聞いてまいりました。が、（ママ）回を重ねるにしたがい、賛同者も増え、今では絵画、彫刻、陶磁器、写真など多彩なジャンルにわたって約五〇名の会員が賛同出品し、観覧数も二〇〇〇名を数えるに至っております。（中略）私達はまだまだ未熟ではありますが、秀れた祖国の文化遺産を受けつぎ、創作活動を通じて、民族の喜怒哀楽を表現することによって、民族的団結の気運を高めるとともに、日本の友人との友好を深める一助となることを願ってやみません。」

一九九〇年の第一〇回ではベルリンの壁が取り壊され、冷戦時代の終焉を迎えたことを受けて、「十周年に寄せて」の巻頭文ではこう書かれている。「在日もまた意識の変革を余儀なくされている」に続き、「真の文化とは、異なった民族や文化が融合し合う複雑多層の土壌にこそ生まれるのだと思う。日本の社会はともすれば異質なものを受け入れにくい保守的な体質を持っているが、それを避けて通るのではなく、その中にも得られるであろう理解を求めて、互いの壁を打ち破る努力を怠ってはならないだろう。（中略）安定した生活のせいか、昨今、日本の画壇においては大半の絵が装飾的で、表層の美しさに堕してしまっている。それに反して私達が、例えば、エジプトや古代オリエントの絵画を見て感動するのは、ただスケールの大きさとゆう点（ママ）に限るのではなく、対照を宇宙の視野から見い出そうとしている緊迫したその視点に、やがて気付くから動かされるのではないだろうか。」

戦後五〇年、一九九五年が設立一五年にあたったが、高麗美術会は一五周年の美術展を開いた。「日本の過去の戦争が侵略戦争であったか否かの論争は、五〇年を経て今日に至ってさえ決着がつかない。その理由の一つに、歴代、日本の政り事を司っている人々の間に、歳月を隠れみのにし時が全てを自分達に都合良く洗い流すのを待つのみと言う姿勢がありありと有るからではないだろうか。それは、韓国併合条約（日韓併合条約一九一〇年）が、友好的且つ合法的であったと言う発言に端的に表われていると思われる。この半世紀の長きを、在日韓国・朝鮮人は、戦後史の歴史的判断が不明瞭なまま、そのカオスの中に身を沈めていたと言えるだろう。かえりみて解放五〇年。果たして在日の魂の解放が成されたと言えるだろうか。」㉑

帰国船で帰った万杓サンチョンに会う

芸術教育のテーマとは異なりますが、日程の最後に親族訪問があり、咸鏡南道咸興《ハンギョンナムドハンムン》に住んでいる洪万杓《ホン・マンピョ》サンチョンに会うことができました。一九五九年から始まった「帰国運動」で共和国に移りました。

洪万杓サンチョンは一九五〇年代後半に済州島《チェジュド》から日本にわたり、大阪朝高卒業後に写真専門学校に進み、写真家土門拳さんに師事した写真家です。猪飼野の南北を走る神中通りで写真館も開いていました。一九六三年に「帰国船」で共和国にわたり、出版社・朝鮮女性社で写真の専門家として活躍していました。

平壌《ピョンヤン》から夜行列車に乗って咸興の駅についたら、多くの出迎えの人のなかにいたサンチョンをすぐ見つけることができました。人ごみのなかで目があったのです。不思議なことです。歓迎の祝宴が行われたあと、自宅にも行きました。

これは日本での話ですが、土門拳さんとの関係があったからか、テレビ局が洪万杓サンチョンを主人公にした一時間のドキュメンタリー番組「ホンマンピョの帰国」を撮りましたから、録画が残っていたら、「帰国」の模様はいまでも詳細はわかると思います。

ラストシーンは金良能《キム・ヤンヌン》ハルモニがアップで映っています。金良能ハルモニは一九七四年に大阪の自宅で亡くなっており、二度と息子には会えませんでした。ハルモニは亡くなるときに、「わたしが貯めたものを洪万杓に送ってくれ」というのが遺言でした。

洪万杓サンチョンは経営した猪飼野の写真館で一緒に住み、末っ子でしたから、どれだけ会いたかったかと思います。遺言となったことばがすべての思いを語っています。

金良能ハルモニが亡くなってからもう半世紀近くたちます。

「ホンさんはなぜホンさんですか」

研究所でのわたしの毎日は、デッサンを学ぶにしても、羞恥心も外聞もなく友人たちに、先生に質問したことです。大半がある程度絵画を学んできた人たちですから、「こんなことは知っている」

とプライドが出るから、質問にストップがかかる。わたしは何も知らないし、テクニックもないと思っていましたから、「あーそうですか」「そう描くのですか」と、素直に指導に反応したのです。

研究所に通い三年目くらいでしょうか。同級生（男性）から、「ホンさんはなぜホンさんですか」と日本名を使っている在日朝鮮人から質問を受けたことがあります。わたしが朝鮮人であることを隠すことなく同年齢のリーダー的な活動をしていることにびっくりしたようです。その同級生は父親が仕事もできずに家で酒を飲み荒れた生活をしていることに、「朝鮮人であることを明かすのが恥ずかしかった」と打ち明けました。

彼の質問は、わたしが朝鮮人であることをなぜ隠さずに生きてこれたのか、ということでした。日本人生徒と遠慮することなく付き合い、日本名ではなく朝鮮名を名乗っていることに驚いたようです。

こんな思い出もあります。ある女性が「ホンさんはどうして朝鮮人なの」と話してきました。「とても韓国人にみえない」ということでした。では何に見えるのか、です。「在日」の問題は理解されないから、「ホン」と名乗っていることがわからない。

わたしには猪飼野の「在日」の姿がテーマになりました。猪飼野のど真ん中にある朝鮮市場で生まれ育ったわたしは、〈本当に恵まれていた〉と思います。朝鮮人集落のなかで暮らしたので、隠すことはありませんでした。そうした生き様が作家としての財産になっています。

「ホンさんはなぜホンさんですか」と尋ねてきた彼は、そして「なんで朝鮮人なの」と話してきた女性は、「在日」を否定的に見ていたところが共通していました。「在日」像の対極にあるわたしの生き様、研究所での姿に驚いたのでしょう。

故郷に帰れない

「光州《クワンジュ》事件」での人々が助け合う姿を描いた作品のあと描いたのは、朝鮮市場のハルモニ、ハラボジの姿でした。

道端に座り込みキムチやモヤシなどを売るハルモニ、自宅の軒先に店を出しチジミを焼くアジュマ（おばさん）、故郷の韓国には帰れず、商品台に座っているハラボジ、ハルモニの姿、この日常の一コマを描きました。これはのちにわたしが追求する「生きる」というテーマの原点になるものです。

モヤシの根をちぎったり、くず野菜を売れるように仕分けしたりしているハルモニたち。生活費を稼がねばならない。その必死の思いが朝鮮市場の活気を生んでいました。その一コマを切り取り作品を描きました。

「故郷の韓国には帰れない」について補足がいるでしょう。当時の朝鮮市場周辺で住む人は「朝鮮籍」の人が多く、故郷の韓国済州島《チェジュド》には帰れなかったのです。夕方にそばにあった商品台に座っているハラボジ、ハルモニの姿は物悲しさを秘めていました。この姿こそが、わたしの魂を揺さぶったのです。

「キムチ売りのハルモニ」という二〇号の作品は研究所の定期展で三席をとりました。たしかに技術力は低い。しかし「絵筆を押し出す勢いが違っている」という評価を得ました。恥も外聞もなく絵画を学ぶのに貪欲に吸収してきた毎日。このことの積み重ねが少しは実を結んだのだと思います。

高句麗文化展――刺激に満ちた修復作業

研究所では西洋画を学んだのですが、朝鮮の伝統的な朝鮮画などの作品も学ぶ機会があったことは幸運でした。

一九八一年の芸術関係の共和国訪問の教員代表団に加わったことのほかに、朝鮮総聯創立三〇年を記念した特別展で一九八五年に神戸市立博物館で*高句麗《コグリョ》文化展にスタッフとして参加しました。一九八五年一一月一六日から一二月二二日までの三二日間に開かれ、展示の裏方として、模写作品の修復などのためにスタッフとして入りました。

二四年後二〇〇五年に共同通信社創立六〇周年を記念した「高句麗壁画展」が開かれてもいます。これは二〇〇四年七月に「高句麗古墳群」がユネスコの世界遺産に登録され、中国では「高句麗の首都と古墳群」としても登録されたことを受けての「高句麗壁画展」です。

高句麗文化展――神戸市立博物館のホームページによれば、文化展を以下のように説明している。「高句麗文化展　日本文化の源流を探る　高句麗は、紀元前一世紀から約八〇〇年間、現在の朝鮮半島北半部から中国東北部で栄え、その文化は、日本の古代文化にも様々な影響を与えたと言われている。本展では、朝鮮民主主義人民共和国の協力により、朝鮮中央歴史博物館・朝鮮民俗博物館所蔵の考古資料およびその復元品、広開土王（クァンゲトワン）陵碑・安岳（アナク）第三号墳石室・徳興里壁画古墳石室の原寸大模型、江西大墓（カンソテミョ）「四神図」の青龍をはじめとする古墳壁画の模写などを展示した。」

高句麗は百済《ペクチェ》、新羅《シルラ》と並ぶ三国で最も早く朝鮮半島の大国となった国でしたが、朝鮮半島を初めて統一した国ではありません。壁画で最古の安岳《アナク》三号古墳壁画（共和国黄海南道《ファンヘナムド》安岳）の模写は、当時の死生観が現れており、まるで生きているような錯覚を覚えるものでした。王妃の顔の表情にしても、吸い寄せられて目が離せませんでした。

影響を受けた高句麗壁画

修復のためには、展示される高句麗《コグリョ》古墳壁画についての知識が必要です。上田正昭先生、江上波夫先生の記念講演のメモをとりながら聞きました。何よりも二三〇〇点に及ぶ展示物はわたしを圧倒しました。無論、壁画は模写したものですが、模写作品に共和国の画家の高いレベルを感じました。

共和国平安南道南浦市《ピョンアンナムドナンポ》にある江西三墓《カンソサンミョ》「四神図」の青龍をはじめとする古墳壁画の筆遣いは、一三〇〇年ほど前のものとは思えないほど生命力あふれるものでした。

模写とは歴史を再現することであり、作者の意図を追体験し理解するものでした。間近に高句麗文化の傑作「四神図」にふれた体験はわたしの作品に影響を及ぼしたと思います。これはもう僥倖《ぎょうこう》としか言いようがありません。

というのは、この高句麗文化展後に発表した「祈り」の作品は、高句麗壁画に影響を受け、さらに朝鮮の伝統的な文物、民画の世界にもヒントを得て制作したものだったからです。

高句麗は長期にわたり繁栄を続けた国であり、その文化のレベルの高さは目を見張るものが

徳山商店で作業する金良能ハルモニをスケッチする著者（『サンケイ新聞』1987 年 8 月 13 日記事から）

神戸市立博物館で開かれた高句麗文化展は日朝友好の積み重ねから生まれた。記念スタンプは玄武などをかたどったものがつくられた。著者（洪性翊）所有の図録から転載。

あります。描かれた線の柔らかさ、ふくよかさ、力強さを再現しました。

　朝鮮中央歴史博物館館長金信淑《キム・シンスク》さんが刊行された冊子で、「高句麗と古代日本との間には想像以上の往来関係と文化交流がありました。」と書いていますが、法隆寺金堂の壁画を描いた曇徴《タムジン》、聖徳太子の師となった慧慈《ヘジャ》などの朝鮮人の先達は、美術と同時に歴史の教師もつとめてきたわたしには確信のようなものを与えてくれました。「確信のようなもの」とは、朝鮮人としての誇りでした。

　教員代表団の一員に加えていただいた金漢文《キム・ハンムン》先生は一九八五年正月には高句麗文化展の準備委員会の一人として共和国を訪問し、古墳壁画のスケッチを残されています。その一端は先生の前掲書『朝鮮の美——民族の魂を求めて』に収録されていますが、一九八七年にも訪れて、以下のような文章を残しておられます。江西大墓《カンソテミョ》の「玄武図」を知ったのは、小学六年のとき。その記憶をまず記された。そのときの先生の恩師のことばです。

「私たちの祖先が描いた絵の中でも最高の絵の一つです。一三〇〇年も昔に、すでにこのようにりっぱな絵を残したのです。このタッチも素晴らしいし、色はいまでも鮮やかに残っているのです。世界的にみても、その当時これほどりっぱな絵を他に見ることはできなかったほどの大傑作なんです。これは朝鮮民族の宝なのです。わが祖先の叡知がいかに高い水準にあったかを教えてくれます」

同じ年、一九八五年には共和国の映画スタッフが「ウンビニョ（銀のかんざし）」制作で約一か月間日本に滞在し、人民俳優の文芸峰《ムネボン》さんが訪日して役を演じていました。なぜ知っているかというと、背景の美術関係のスタッフとして同行する機会を得たからです。神戸、下関などを回りました。

総合芸術としての映画の制作現場に同行できたこと、高句麗文化展の摸写修復のメンバーに入ったことは、朝鮮学校の講師という比較的、学校での制約がない立場だったことが大きかったと思います。「絵画を学ぼう」と一歩踏み出したことで、想像もしていなかったチャンスを得たのです。

3　ロッテミュージアムで初の個展

「祈り」がテーマに

高句麗文化展のあと、とりつかれたように絵の制作に集中しました。

朝鮮市場の裏通りに住んでいて、南北の分断の対立が「在日」にも影を投げていた現実に出合ってきたことも制作を急がす動機にもなりました。

風呂屋で近所のおじさんが口汚く韓国民団、朝鮮総聯を罵り合う光景を見てきましたし、法事の場でも南北対立から最終的にけんかになったりしました。

一方では、ハラボジ、ハルモニたちが商品台に座り、ただぼう然と夕暮れの空を見ている姿が目に焼きついていました。南北の対立が近所のおじさんたちにも持ち込まれている現実、そしてハラボジ、ハルモニの故郷に帰りたくて帰れない絶望感、喪失感。

つまり、生活のなかで出会ってきた朝鮮半島の分断と対立の像がいつも頭のなかにありました。

飛行機に乗れば、一時間半で訪れることができる済州島《チェジュド》。アボジ、オモニ、わたしの故郷です。一度も帰ることができない。また、共和国に帰った洪万杓《ホン・マンピョ》サンチョンにも簡単に会えない。

わたしが選んだテーマは、「祈り」でした。

大阪に帰って、ハラボジ、ハルモニが仕事を終えて荷台に腰かけて遠くを見つめる姿を描きました。

その姿は突き詰めて行くと、祖国の分断という現実に突き当たるのです。しかし、次の世代にまで持ち越していいのか。長男洪棟基《ホン・トンギ》、長女昇希《スンヒ》、二女潤希《ユニ》、二男量基《ヤンギ》の四人の息子、娘に対して、〈わたしは何ができるのか〉と自問自答し、テーマとして生まれてきたのが、「祈り」でした。

抜き差しならない「在日」の現実だからこそ、自身のアイデンティティーに重なるのです。だからこそ懸命に絵筆を走らせたのです。

朝鮮市場での仕事を終えて、荷物台に座り休憩するハラボジ（おじいさん）。視線は遠くを見つめている（1983年ごろの著者の作品）。

南北の「統一」に向かってわたしができることは、直接的な行動をとれるわけはありません。画家として形象化するしかありません。

韓国の画家たちがほとんど関心を示さなかった民画の世界に注目しました。デフォルメされた虎や鳥たち。これらを作品に取り入れるための悪戦苦闘が始まりました。

民画の起源は高麗《コリョ》時代とされていますが、わたしが範をとったのは朝鮮王朝時代のものです。わたしにとっては祖国に行けないからこそ憧れの対象でした。

虎に抱かれた少女は、朝鮮半島のかたちを象徴する虎のふところで少女が眠っている絵です。安心して熟睡しています（この項の絵画作品の論及は本書グラビア掲載）。

民画の虎といえば、爛々《らんらん》とした鋭い眼光が特徴的ですが、この絵の虎は半眼状態です。少女のように眠るわけにはゆかない。警戒を緩めることはできないのです。

一般的に虎の民画は鵲《カササギ》をともなうものです。鵲の役目は虎を監視する役として描かれているのですが、わたしは鵲とともにハトも配置しました。

虎の絵は、その威容を表現するにはそこそこの大きさの作品にならざるをえません。わたしの絵も同様でした。

朝鮮半島も南北が対立せずに統一されたら、この少女のように眠ることができるでしょう。少女はちょうど三歳になった長女昇希をモデルにしました。

高句麗《コグリョ》壁画は芸術的に完成度が高く、共和国の画家たちがこれを模写した技術、レベルの高さも驚くべきものでした。その高句麗壁画模写の剥落とかキズを補修する役目を担うなかで、〈民画に次いで高句麗壁画の作品を活かせたらいいなあ〉と思い、少女像の背後に壁画で描かれた人物の行列の像を取り入れたりしました。

安岳《アナク》第三号墳の壁画は、人物一五〇〇人、騎馬五七騎を描いた「大行列図」が有名ですが、わたしは「祈り」の作品のなかで「和」と名付け、二つの椅子が向き合い、背後に行進する楽隊を描きました。ハトを描き入れました。

ハト、楽団員の行列は平和だからこそ可能です。二つの椅子が向きあった作品を書きましたが、それは、対話によってこそ平和がもたらされるからです。

対極にあるのは、椅子を背にして虚ろな目で座り込んでいる作品です。騎馬も交えて兵士の行列を背後に描きました。武力対立の朝鮮半島に、平和の使者ハトは飛んでいません。カラスが舞うのです。カラスをスケッチするため奈良県の山あいまで出かけました。

朝鮮半島の分断、南北対立を小さいころから見聞きしてきたからこそ、高句麗壁画、朝鮮王朝の民画の素晴らしさが迫ってくるのです。

わたしが作品化できるのは、「祈り」というテーマでしかなかったと思います。

右折する乗用車と激突

研究所では石膏《せっこう》像の顔の部分のデッサン前期から、胸像のデッサン後期に当たるデッサン、人体を描く課程の素描部門（ヌードクロッキー）、そして最終段階である絵画部に進み、厳しい審査を受けて全課程を終えました。

ただ、デッサン前期から、後期に当たる胸像のデッサン課程を終えるのは、本当に苦労しました。なかなか合格点をくれないのです。二つの課程を「卒業」するのに、前期で二年半、後期で三年もかかりました。しかし、辻司先生に厳しく指導されてよかったと思います。

甘い評価だと、〈こんなもんだ〉と懸命に取り組まなかったと思います。

研究所以外には、金石出《キム・ソクチュル》さん、金屛民《キム・ビョンミン》さんと三人で画家河合勝三郎先生宅でクロッキーを習いました。しかし、痛い体験もあるのです。

一九八四年の夏のことです。辻先生から「よく描けている。今度はいけるかもしれない」と評価されて、浮き浮き気分になりました。五〇ccバイクで桃谷方面から玉造に向かって走ってきて、生野区の自宅近くの交差点で右折する乗用車と衝突し、三、四メートルは宙に舞い、道路にたたきつけられました。左肩を強打し、頭から落ちました。

ヘルメットの着用義務付けもない時代で、乗用車のバックミラーに頭があたったあと、空中に浮かんだと思った瞬間、真っさかさまに落ちていきました。血がドクドクと額から流れ、救急車で運ばれ、肩が脱臼して骨にヒビが入り即入院、全治一か月の診断を受けました。

幸い頭は異常がなかったのですが、とても一か月も入院しておれませんでした。二週間ほどで退院して研究所に通いました。肝心のデッサン後期から素描部門の進級はかなわず、不合格でした。

退院してからすぐでしたが、オモニは、「クッ*やってもらわんとあかん」と、朝五時ごろ事故現場にわたしを連れて行き、お祈りをしてもらいました。

シンバン（祈祷師）がドンドンと太鼓を叩いて、最後に焼酎を周りに吹きかけました。クッをしたのは、オモニにとっても、わたしにとっても理由があるのです。事故でびっくりして、わたしの守り神が逃げて行った。だからクッをして呼び戻すというのです。

道路の真ん中にお膳をおいて祈祷しました。朝五時ですから、車も通りますから、道端でクッをしていても危ないもんです。わたしはひたすらお祈りをしているオモニの横で神妙な顔で座っていました。

初の個展――一五〇〇人が鑑賞

個展を開こうと思ったのは、研究所の課程を終えたということもありますが、画家として追求するテーマが固まってきたことが最大の理由です。個展開催に向けて作品の制作に没頭しました。

作品群は「祈り」と題した作品と朝鮮市場のハラボジ、ハルモニの肖像、路上で野菜を売るハルモニたちなどでした。これを大阪市北区のグランドギャラリーで初の個展に出品、一九八八年四月一一日から一六日まで開きました。幾つかの有名な美術賞を受けていることもあり、六日間の開催期間中、一五〇〇人を超える方々に見にきていただきました。若者も、美術の仲間

クッ――済州島（チェジュド）の巫俗（ふぞく）儀礼。解放後に済州島に帰っていたシンバンを呼び寄せたりして親密なネットワークが続けられていた。康在順（カン・ジェス）オモニは故郷の旧左面（クジャミョン）杏源里（ヘンウォルリ）のネットワークから大阪市内に住むシンバンに依頼してクッを執り行った。

ロッテミュージアムの個展で作成された画集。展示作品 40 点のうち主な作品を掲載し、美術評論家尹凡牟さんが解説を書いた。

も、初めて会う方も、ご老人もわざわざお越しいただきました。

会期中のことですが、わたしの作品を食い入るように見つめた方がいました。

「こうした絵は韓国にありません。感動しました」

韓国大邱《テグ》市の慶北《キョンボク》大学から大阪大学に留学中の尹《ユン》ジェヒョンさんという留学生でした。

その後、尹ジェヒョンさんは姜《カン》ウムン慶北大学学長にわたしの作品を紹介してくれて、「韓国での個展開催を」という話が姜ウムン学長の尽力で進み出したのです。

考えもしなかったことが動き始めたのです。作品のテーマ「祈り」が、「在日」の切迫した統一への思いとして響いたのではないでしょうか。

それから何か月かして、姜ウムン学長が訪日されて、わたしの鶴橋商店街にある自宅兼アトリエに来られました。たしか二回に及んだと思います。作品を見て確信されたのでしょうか。「八九年にロッテワールドがオープンする。開館記念美術展で開けるかもしれない。さらに制作に努力してください」と励ましていただきました。

うまくことが運ぶときは、こういうものでしょうか。予想もしなかった一九八九年二月二六日から二週間のロッテミュージアム*開催が決まったのです。

緊張した訪韓

開会の準備のために開催までに二回訪韓しました。アボジ、オモニの故郷を初めて訪ねたことはすでに述べましたが、初めての韓国は、やはり緊張の連続でした。また、社会が騒然としているような印象を受けました。

というのは、一九八九年は米ソ冷戦がピリオドを打った年であり、朝鮮半島情勢も大きく変わろうとしていたからです。二年前には韓国の民主化革命と言われる八七年六月抗争があり、軍事体制から民主化に移行する時代の息吹を「騒然としている」と感じたのかもしれません。

一九八九年二月二二日のオープニングに先立ち一週間前にソウルに入ったわたしは、宿泊先

ロッテミュージアム——当時の呼称はロッテ蚕室（チャムシル）美術館。蚕室はロッテワールドがあった地名。ロッテ蚕室美術館はロッテワールド内のロッテ百貨店七階にあった。

のプラザホテルで朝鮮日報記者のインタビューを受けたのですが、どうも北に対して非難する記事を書きたかったのか、開口一番、「北の状況をどう思うか」といった質問をしようとしました。わたしはその質問を制して、こう言いました。

ロッテミュージアムの個展を知らせるロッテ百貨店壁面にかけられた垂れ幕（「民族の念願、洪性翊作品展、７階ミュージアム」と書かれている）。

「南北の分断で、北を非難したような記事は書かないでほしい。わたしにとって、南も北も祖国です」と言うと、わたしの意図をくみとっていい記事を書いてくれました。

放送局からの出演依頼もありました。「金曜日に会いましょう」という人気番組の出演依頼でした。断りました。政治的な質問が出てくるのは十分に予想されたからです。

それでも、個展の開催期間が二週間からさらに一週間の延長になり、鑑賞者は二万人を超したとロッテ美術館の担当者から聞き、わたし自身がびっくりしたほどです。

ロッテワールドのオープン記念だったこともあるでしょうが、「祈り」というテーマに関心を寄せていただいたからでしょうか。「在日」の思いの強さが韓国の人に届いたのではないでしょうか。

尹凡牟先生との出会い

この個展で新鋭の美術評論家尹凡牟《ユン・ボムモ》先生（現在、国立現代美術館館長）と出会ったのは、幸運としか言いようがありません。アメリカのカーネギー財団の招きで三年間の留学を終えて帰国してすぐだった尹凡牟先生は、ロッテ側から個展の図録解説を引き受けられました。わたしの作品を分析して書かれた文章は、こう表現されています。

「洪性翊《ホン・ソンイク》の作品世界は何なのか、何よりも彼の芸術的基底は民族愛と祖国統一とみることができる。美術が持っているかたちとして表したものよりも、そのかたちに内包されたメッセージ

조선일

〃고구려벽화·民画배경 統一염원 담아〃

朝總聯系 화가 첫 서울展

재일교포 3세 洪性翊씨

◇조국의 統一 염원을 형상화한 在日교포 화가 洪性翊씨.

응접실

남과 북으로 두동강나고 이념과 체제가 다른 분단 조국을 본 해외교포의 시각은 어떤 것일까。在日동포3세 화가 洪性翊씨(33)는 그것을 그림으로 보여준다。朝總聯의 朝鮮大 미술학과를 나와 북한에도 갔다 온 그의 작품전이 22일부터 3월6일까지 롯데잠실미술관(411－2500)에서 개최돼 앞의 질문에 대답을 준다。

『일본의 교포 3～4세들이 조국을 보는 눈이 달라지고 있읍니다。남과 북、조총련이나 민단이나 보다는 「한민족」으로서 우리의 正體를 찾으려는 움직임이 활발합니다。』

그역시 大阪의 고려미술회를 창립、이운동에 나섰는데、유사단체가 일본내에 수십개에 달한다고말한다。

朝總聯의 화가 洪性翊씨가 서울에서 전시회를 연다는 것、그건 요즘 화이슈인 남북문화교류의 우회적 방법으로서 특별한 의미를 지닌다。

우선 일본에서 난「半쪽바리」지만、조국(남북한)에 대한 염원은 남다른데가 있다。밖에서본 한반도의 현실이 그렇게 아플수가 없고、그래서「통일」에 대한기원이더욱 강렬하다。

『조국이 없어도 살아갈수 있다는 사람들의 생각을 일깨워주고 싶어요。우리 겨레는 통일되어 서로 따뜻하게 살아야 합니다。꼭 그렇게 되어야지요。』

洪씨는 그런 기원을 사실적인 그림으로 토해냈다。그의 油画는 어렵지가 않다。치마 저고리를 입힌 딸을 모델로 내세워「민족의 염원」을 강렬한 메시지로 전달하기 때문이다。고구려 벽화와 조선조民画는 그의 메시지를 전달하는데 중요한 수단이된다。

그의 그림을 보려면 백그라운드에 담긴 그의생각을 읽어야 한다。孔玉振의 춤을 통한 민족의 恨、벽화와 민화에 그려넣은 민족의 암투와 평화에 대한 염원등등을。그리고 그는 말한다。『민족-민중미술에도 이데올로기는 존재하나 예술로 그것을 초월하지않으면 아무것도 아니지요。』

『朝鮮日報』は「朝鮮総聯系の画家、初めてのソウル展、在日同胞3世、洪性翊氏」と報じた（1989年2月19日付け）。

に強い意志を示している。そのために彼が取材する素材はほとんど同胞が築いた伝統的な美術的感性を根っ子にしている。高句麗時代の古墳の壁画に出てくる絵とか、朝鮮時代の民画などの民族固有の色に格別に深く掘り下げている。西欧の近代絵画が絶えず氾濫する日本で、自分の独自の声を貫くことは容易ではないようだ。それにもかかわらず、彼の民族意識を足場として、現実と幻想の世界を組み合わせると、古代の時間と今日の問題を同じ画面に共存させる。」

　また、わたしが属していた在日本朝鮮人文学芸術家同盟（文芸同）について紹介していただいた文章もあります。

「在日本朝鮮人文学芸術家同盟が一九八七年に東京セントラル美術館で開いた中央美術展では、（中略）八〇人が作品一七〇点以上を出品し、在日朝鮮美術運動の現状を知らせるものだったが、ほとんどが『朝鮮画』を中心に、デザイン、イラストレーション、そして出版美術の分野まで含む総合展だった。参加作家は『主体美術の旗を固守し、民族愛、祖国愛の領域の幅を広げて、在日朝鮮人運動の確固とした美術創作活動を展開することを目的とした』（洪永佑《ホン・ヨンウ》文芸同中央美術部副部長）とあり、（中略）在日美術活動の歴史的回顧によれば、紆余曲折の末、七〇年代になってようやく『主体の確立が具体化され、質的な変化』をもたらすことになった、特に八〇年代に至って同胞である二世、三世の活発な進出は美術状況の面目を一新させた。（中略）『創作事業を総聯の文芸方針に基づいて美術運動を大衆化しながら質量ともに拡大し、活性化する時期であった。』し、それはまさに『祖国統一を渇望する在日朝鮮同胞の志向と要求に合ったもので、画期的な意義』を惹《ひ》き起こした。文芸同の美術家はまさに『主体的文芸思想にもとづいて在日同胞の美術志向の要求に合わさなければならないし、その思想情緒生活で祖国愛、民族愛を呼び起こす芸術』となった。それは一言で言えば、『民族自主精神と情緒を積極的に抱かせる普及した美術活動』であろうとしたものであり、民族自主精神と理念は非常に重要である。(中略)

洪性翊は朝鮮大学美術科を卒業し研究所などで美術研修も受けた。在日朝鮮中央美術展油絵部で新人賞受賞をはじめ、様々なコンテストに出品、画家としての道を歩き始めただけでなく、フランス、スペインを旅しながら改めて民族の意味を見出した。第八三回(一九八七年)、日本では最も歴史のある団体である太平洋美術展で最高賞を受賞した。外国人として初の受賞者だ。」

一九八九年という韓国の民主化後に開かれた美術展だから可能な表現だったと思います。わたしの作品の位置付けをしていただいたことに感謝するしかありません。先生は韓国で「在日」画家に深い理解を示されている稀有な方です。

また恩師金漢文《キム・ハンムン》先生がライフワークとして追求された「主体的美学論」にも連なる「主体美術」についてふれられています。在日朝鮮人美術の動向を十分に調べて書かれた当時としては画期的な解説ではなかったかと思います。

金漢文先生は「主体的美学論」を書きあげるために、ヘーゲルの『美学』などの美術、哲学関係の著書について膨大なノート、コメント、日記を残しておられます。それは宝の山ではないでしょうか。

「朝鮮籍」作家に何を期待したのか

ロッテミュージアムで個展を開いて本当によかったと思っています。開催中、来られた方のなかには、「パルゲイン（共産主義者）だから赤*の色をよく使っている」と感想をもらしている方もおられました。

「北」に対する偏見は「鬼、ツノが生えた」とデフォルメされるまでになるのですが、同じ民族の同一性と、「北」の人間でも民族が一つになることを望んでいることを示せたと思います。

しかし、困った人もいたことも最後にふれないといけません。

わたしの肩書きが「在日本朝鮮人文学芸術家同盟」と新聞で報じられていたこともあるのでしょう。民主化を推し進めている画家が会場に来て、わたしにこう話しかけるのです。

「がんばれ。統一のために闘おうじゃないか」

励ましていただいたことは感謝しています。「在日」のわたしが、韓国にいてそうした運動に参加できると考えているのでしょうか。

政治的行動は一切しないという条件で韓国に来ていました。それも臨時パスポート発行の約束、契約です。民主化陣営のその人は政治的発言ができないわたしの立場を知っていたはずです。

韓国から帰れば、領事館に行って誰に会ったかという報告義務がありました。三年間ほど続きました。

たしかに、アジテートできるようになったのは、韓国の民主化が進んだからです。「北」の人間がやってきたから、これは陣営に加えたいと思ったのでしょうか。

わたしは無視です。わたしの横には韓国政府職員が護衛も兼ねて座っています。そのことも知っていたのでしょうか。

「在日」が韓国の国家保安法で逮捕でもされようものなら、どうなるでしょうか。

彼の誘いに乗って行動ができますか。国家保安法には「利敵行為」という違反条項がありま す。いくらでも拡大解釈できる法律違反です。拘束されます。しかし、逮捕されたら韓国社会は救出に向けて世論を喚起するでしょうか。無視するでしょう。

本当に「在日」がどんな立場にいるのか、なかなか理解されないものだと思いました。

わたしはその画家の呼びかけにただ笑って応じるだけで、「クレ、クレ(そうです)」というあいづちを打つこともありませんでした。

その後、彼からの集会参加の誘いを受けましたが無視しました。

「朝鮮籍」から「韓国籍」に変えて

朝鮮学校出身で、朝鮮学校の教師をつとめてきた人間です。朝鮮学校は、朝鮮総聯傘下の学校であり、「大韓民国」を「南朝鮮」と呼んでいました。独立した国家として認めていませんで

赤の色――共産主義だけではなく社会変革を目指す社会運動に対しても「アカ」のレッテル張りをするレッドコンプレックスはなお韓国社会で克服されていない。この隠語は日本の植民地時代に多用されてきた。植民地下での民族独立運動すら共産主義運動と結びつけて弾圧を加えた。そういう意味では日本の植民地支配時代の社会意識は南北対立が続くなかなお温存されてきたともいえる。

した。公式的に共和国は朝鮮半島の唯一合法政府でした。

しかし、わたしの意識は南朝鮮、韓国も分断された一つの国家としてみていました。わたしと同じことを思っている友人も少なくはなかったと思います。共和国が韓国を独立した国家と認めたのは、一九九一年のことです。

朝鮮総聯が公式的に否定していた国家に招待されて入ったことに、友人たちは「韓国はいつまでいるのや」「個展はいつや」と、訪韓前の歓送迎会で口々に尋ねました。本音だと思います。

韓国での個展を契機にして、アボジ洪呂杓《ホン・ヨピョ》、オモニ康在順《カン・ジェス》、妻韓清子《ハン・チョンジャ》らも、わたしと同時に、「韓国籍」に変えました。一九九〇年のことです。そこに躊躇はあったかというと、ありませんでした。

しかし、アボジは朝鮮総聯大阪本部傘下の支部役員をつとめてきた活動家でしたから、「韓国籍」に国籍欄が変わることは、反動が大きかったと思います。わたしも含め家族に対して「変節者」「裏切り者」という非難は、きびしいものがありました。

在日朝鮮人にとって南北分断の象徴が「朝鮮籍」「韓国籍」だったからです。「朝鮮籍」から「韓国籍」に変わることは、朝鮮民主主義人民共和国、つまり共和国を捨てることを意味したのです。

しかし、わたしを育ててくれた朝鮮学校、共和国を誹謗することなど、当時も、いまもまったくありません。共和国を非難して「韓国籍」に変ったわけではありません。ですから「変節者」「裏切り者」ということばが、わたしに突き刺さることはありませんでした。

また、政治的要請によって絵筆を執ったことはありませんでした。「こういう絵を描け」と朝鮮学校で言われたことはなく、描きたいものを描きました。絵画を描く人間が「朝鮮籍」から「韓国籍」に移っただけです。しかし、そのことに政治的評価がついてきたのです。

ただ、政治的評価があるとするならば、朝鮮総聯の学校の教師が描いた絵画作品という、わたしが属していた朝鮮学校、朝鮮総聯への見方であることはたしかでしょう。

しかし、「朝鮮籍」か「韓国籍」かで、絵画作品を評価することなどあるでしょうか。

金漢文先生が書かれた詩

わたしは「国籍欄」の変更に抵抗がなかあったのですが、しかし、わたしの妻の両親や恩師に「朝鮮籍」から「韓国籍」に変えたことを伝えなければなりませんでした。

妻の両親が住む広島市に向かいました。

部屋の奥にドンと腰をおろしていた妻のアボジ、わたしにとって義父に「韓国籍」に変えたことを報告しました。「韓国で活動もしたいので、国籍欄を変えたいと思います」と言うと義父から譴責されるのかと思いましたが、そうではありませんでした。「画業に精進せよ」とのことばをいただきました。

また、恩師金漢文《キム・ハンムン》先生にも報告せねばなりません。先生に電話しました。

「洪性翊《ホン・ソンイク》君は一旦決めたら変えることなどないだろう。君の性格はよく知っているから、それ以上言うことはない。残念だが……」

その後、金漢文先生は一編の詩をメモにしてわたしの友人に託していただきました。その詩はメモ帳に書かれたものですが、一生の宝だと思い机の引き出しの奥にしまってあります。朝鮮語で書かれた文を訳します。

山奥で雨が降り
露が地下水になり
川に流れとなって
海に注ぎ込む
いろんな流れであっても
いつか一緒に一杯の酒を飲もう

報告をしたのが一九八九年でした。それから二年後の一九九一年一〇月八日に五五歳の若さで亡くなられました。先生に後押ししていただいたことへの感謝の念は色褪《あせ》ることはありません。美術教育に全身で駆け抜けられた人生でした。残念でなりません。わたしが韓国でトック工場の仕事で悪戦苦闘していてやっと軌道に乗り出した時期でした。病床に駆けつけられなかったことは、もう慚愧《ざんき》の念しかありません。

先生のことば、その詩の文言がわたしの胸に突き刺さるのです。

第四章

「トックの徳山」韓国での展開

1　韓国でお好み焼き店を始めて

お好み焼きを食べたい

ロッテミュージアムの個展のあと、韓国への思いがつのりました。

〈韓国で美術の修行がしたい〉

韓国に滞在している間に、大好物のお好み焼きが食べたくてたまらなくなったのは不思議でも何でもありません。猪飼野の街で育ったからです。

少年時代、猪飼野では「お好み焼き」屋が目白押しでした。ＪＲ鶴橋駅周辺で発達した闇市からお好み焼きが誕生したとも言われ、朝鮮の食べ物にもパジョン（ねぎ焼き）やチジミなどがありますが、これらの食べ物をヒントに在日朝鮮人から生まれたとも言われます。

韓国に来て一か月。お好み焼きの「禁断症状」が出ていました。

〈お好み焼きを食べたい。食べたい〉

ところが韓国にはお好み焼きを食べさせる店がない。

〈そうか。お好み焼きだ〉

たしかに、お好み焼きの店が韓国にはないことに気付きました。

〈それならお好み焼きを韓国で始めたらどうか〉

実に単純な動機です。

わたしを突き動かしてきたのは、素直な心身の反応から出たものです。お好み焼きが頭に浮かんだのは、猪飼野の街で育ったことと関係しています。

朝鮮市場周辺ではヘップサンダル製造業が多く、踵を貼り付ける「貼り子」の仕事をしていた女性たちの昼ご飯といえば、お好み焼きでした。昼食であまり時間がとれないから、お好み焼きが都合よかったと思います。

お好み焼きは「在日」の仕事と密接に関係していた食べ物です。猪飼野で広がった理由の一つともいえます。食と仕事は密接に結びついていました。

アボジにお好み焼き開店の企案書を書いて日本に送ると、「やっと商売をやる気になったのか」と、おりしもバブルのおりで融資してもらいました。いまから考えると、大金です。しかし、失敗するなど考えもしませんでした。絵の世界に没頭していたわたしに、よくも大金を貸してくれたものです。

これを元手《もとで》にして「お好み焼き」店を開ける展望がたちました。

若者がトレンドに

ではどこでお好み焼き店を始めるのか。迷いなどありませんでした。大邱《テグ》市内です。個展実現に橋渡しをしてくれた尹《ユン》ジェヒョンさん、慶北《キョンボク》大学の姜《カン》ウンム学長が大邱市に住んでいましたから、大邱市のほかは考えませんでした。

姜《カン》ウンム学長にはゼミ生に対する講演の世話をいただいたこともあります。「在日」美術と作家について話しましたが、心はお好み焼き店をどこで開くか、宣伝はどうするかと、開店のことばかりでした。

〈若者、若者〉

呪文のように唱えたのは、若者が流行に敏感だったことと、当時の社会状況を考えたからです。

韓国の大邱市内の繁華街で若者が集う街といえば、大邱駅から少し歩いた同仁洞《トンインドン》です。流行していたカフェコルモン（コーヒーショップが集まっている通り）があるその同仁洞には若者が集まり賑わっていました。

〈カフェコルモンの同仁洞〉

わたしの直感は冴《さ》えたのか、的外れなのか。若者の賑わう場所を観察すれば間違いないと自信を持っていました。

店の名前はもちろん若者に受けるものに。「ピンクダック」という店名です。ドナルドダックからヒントをえて、全身ピンクのアヒルを想像してもらえればいいでしょう。ピンクダックのアニメキャラを考案して、店の看板にしました。

街を走る「コランド」という軍用ジープを見て、〈これはかっこいい〉と購入し、ピンク色に塗りました。

「お好み焼きの店　ピンクダック　開店　同仁洞」

と書いたのぼりを立てて大邱市内を走り回りました。

もう一つ、当時の社会状況と若者の関係ですが、それは一九八九年と関係します。

一九八七年六月の民主化闘争で全斗煥《チョン・ドゥファン》大統領が下野しました。一九八八年の平和的政権移譲、大統領直選制への改憲、金大中《キム・デジュン》赦免復権などを民主化勢力は獲得したのですが、主役を演じたのは若者でした。ソウル大生朴鍾哲《パク・ジョンチョル》君の拷問死の隠蔽の事実が明らかになると、全斗煥軍事政権に対する全国的な批判が起きました。

韓国の民主化は、当然、これまでの軍事政権の重石が取れて若者たちが街に全面に出て行くことになります。

一九八〇年五月の光州《クワンジュ》民主化抗争は徹底的な弾圧を受け、軍部（新軍部）が銃口を若者に向け、多くの若者の命が虐殺されたのですが、民主化勢力は地下に潜ってまでも活動を続けました。その結果が、[*]一九八七年六月の民主化闘争の成功に結び付いたわけです。

わたしは、〈民主抗争を進めてきた若者が、これからどんどん街に出てくるに違いない〉とみました。

もう一つあります。話が具体的になってくると、〈失敗は許されない〉という気持ちになってきたことです。失敗すれば、韓国に滞在できなくなります。これでは韓国で美術を学ぶ計画はご破算です。

一《いち》か八《ばち》かでした。しかし、若いというのは恐ろしいものです、失敗することなどないという妙な自信がどこかでありました。

鄭常務との出会い

どういう関係で知り合ったのか忘れましたが、同仁洞の場所を抑えてくれたのが不動産業の鄭珪杓《チョン・ギュピョ》さんでした。わたしの韓国での仕事にこれほど関わった人物はいません。わたしを利用しようと近づく起業家、野心家に、「ホン社長、わたしが対応します」と、壁となってくれたのは彼でした。韓国の事業でなんとかやってこれたのは、彼のおかげだと思います。

お好み焼きのあとに始めたトックの事業で常務をつとめたことから、鄭の名前に常務をつけて「鄭常務《チョン・サンム》」と呼んでいました。わたしは愛称の鄭常務以外に呼んだことがありません。

鄭常務は初対面のときに、「昔はMBSでもコメディアンをしていた」と話していました。真偽のほどはわかりません。芸名はジャニー・ジョンと名乗っていたと言いましたが、聞いたことありません。

当時はアメリカ帰りのキャスター、ジャニー・ユンさんが人気でしたので、「ジャニー・ユンからジャニーをとった。いい名前でしょう」とも言っていましたが、コメディアンの話はそれからほとんど聞かなかったのはどうしてでしょうか。

ケンタッキーフライドチキンのカーネルサンダースのような肥満の体形で、ゆうに一〇〇キロはある巨漢体でした。ひどい近眼で、分厚いメガネをかけて、まん丸い顔をギリギリまで書類に近づけて読んでいました。

わたしが誰に遠慮することなく怒ったのは彼だけでした。包容力があるのか、一向に気にしないのか。「何だ。鄭常務、これでいいのか」「パボ（馬鹿野郎）、何をしているのか！」。わたしが罵声を上げても受け流すというか、頭の上を素通りするというのか、不思議な人物でした。

一九八七年六月の民主化闘争の成功――一九八七年六月の民衆抗争は大統領の直選制など形式民主主義を獲得できたが、光州事件での「銃を持った狼藉者」と民主化運動を揶揄、非難する言論の克服、名誉回復は持ち越された。「新軍部の銃剣に、そして二度目は言論のペンにより虐殺された」（孫錫春〈ソン・ソクチュン〉『言論改革』みずのわ出版、二〇一四年）との論評があるように、犠牲者、人々の抵抗運動は「内乱」の烙印が押され、名誉回復する動きは軍事政権である全斗煥（チョン・ドゥファン）・盧泰愚（ノ・テウ）政権が続いた中では難しかった。一九九三年に文民政権・金泳三政権は、「歴史の立て直し」を課題として掲げ、一九九五年一二月二四日に金泳三（キム・ヨンサム）大統領が光州事件特別立法制定の指示により法律（五・一八特別法）制定が動きだし、一二月一九日に光州事件関係者を処罰するための「五・一八民主化運動などに関する特別法」と、その根拠となる法律の二つの法律を制定した。この法律により全斗煥・盧泰愚両大統領の一二・一二事件（朴正熙（パク・チョンヒ）大統領暗殺後に軍部の実権を握った軍事クーデター）や光州事件での責任を問えることになった。内乱罪や軍刑法上の反乱罪の公訴時効排除を骨子として、具体的には「粛軍クーデター、光州事件に関する内乱罪、反乱罪については一九九三年二月の盧大統領の退任まで時効の進行が停止したものとみなす」とうたわれた。一九九六年一月二三日に全斗煥・盧泰愚被告が追起訴され、同年八月五日にソウル地裁は全被告に死刑、盧被告に無期を求刑、一審では死刑、懲役二二年六月、二審で無期、懲役一七年に減刑され、一九九七年四月一七日に大法院（日本の最高裁）で刑が確定した。一九九七年に金大中（キム・デジュン）が大統領に当選、一二月二〇日のクリスマス恩赦で全、盧元大統領の恩赦が決定した。一九九七年には事件初日である五月一七日が民主化運動を記念する国家記念日に指定された。一九八七年の六月民主化抗争の原動力となったのが光州（クワンジュ）民主化運動である。

人は他人の前で怒られたり、こっぴどく批判されると気分が落ち込み、その相手とは二度と顔も見たくないものです。しかし、彼は違っていました。

翌日、ケロっとして事務所に顔を出すのです。

会社の方針に反対して徳山を辞めたこともありました。普通は二度とその勤め先には顔を出さないものです。出しにくいものです。彼は一向に意に介していませんでした。「ホン社長、元気ですか」と訪ねてくるのです。大阪で言えば、「まいど」と挨拶するようなものです。

わたしに良かれと好意から紹介した土地がトラブってしまったことがありました。彼はストレスの度合いが違ったのでしょう。最終的にピリオドを打つのを見ることなく、治療して一年もたつことなく肝臓ガンで亡くなりました。

わたしにプラスになるだろうと骨を折ってくれたことで、唯一うまく行かなかったのが、私のアトリエ探しから始まって、念願の夢だった「在日美術館」用地とも考えたソウルの青瓦台《チョンワデ》奥の土地ではなかったでしょうか。ただ「在日美術館」と名付けましたが、簡単に立てられるものではありません。「在日美術館」を夢見たというのが正しい表現でしょう。

責任感がないように見えて、実は責任感があったのではないでしょうか。そのストレスが尋常でなかったに違いありません。あまりにも早い死でした。

オープン記念で歌手ピョン・ジンソプさんサイン会

ピンクダック開店の日。一九八八年の韓国大学歌謡祭でグランプリをとった歌手ピョン・ジンソプさんを呼びました。開店記念でサイン会をしました。彼はすごい人気でしたから、予想通り学生がいっぱい詰めかけました。鄭常務《チョン・サンム》がお好み焼き屋の経営陣に入りました。

店は若者にうけるよう作戦を練りました。

野球帽にピンクダックのアニメキャラのワッペンをつけ、バミューダーにストライプのボタンダウンの制服を仕立てて、一八席ほどある店にしました。アルバイトは一〇人ほどで、正社員は鄭を加えて三人雇いました。料理人は大阪・生野区の徳山物産で働いていた二〇代の男性で、軍隊の厨房で修行を積んだ人でした。腕の方はたしかでした。

若者をターゲットにしたのはねらいどおりで、大繁盛でした。

大邱《テグ》での外食進出で成功したのは、お好み焼きの「ピンクダック」だけではなかったでしょうか。鉄板の上に乗せて自分で焼くのが面白かったようで、お好み焼きの上でかつお節が踊る様子に興味津々なようでした。学生たちは「チングロッタ」（気持ち悪い）と悲鳴をあげていました。

「サングイ（山焼き）」は牛肉が、「パダクイ（海焼き）」はイカが、「トルクイ（豚焼き）」は豚とトウモロコシが、それぞれ入ったお好み焼きです。いずれも三〇〇〇ウォンでした。大邱名物のタロクッパ（スープとクッパが別々で出されるから、韓国語で別を意味するタロをつけた名前となった）は一〇〇〇ウォンでしたから、それの三倍も高かった。それでも人気でした。

同じころですが、ヘテ財閥がＵＣＣといっしょに始めたヘテカンタータというコーヒー店が大邱に進出しましたが、うまくいきませんでした。大邱は保守的な土地柄でしたから、新たな外食産業は受け入れられなかったのかもしれません。

　お好み焼きはまったく初めての食品ではなかった。厳密には新たな外食産業ではなかったので、安心して店に入れたのではないか、と分析しています。

ソウルは若者の中心街に出店

大邱《テグ》での成功に自信を持ち、ソウルに乗り込みました。大邱で開店して半年ほどしてからのことです。学生街の中心である延世《ヨンセ》大学、梨花《イファ》女子大学など大学が集中する新村《シンチョン》で開店することにしました。

四階建てのビルの一階をお好み焼き店として、店の規模は一〇〇平方メートルほど。カウンターで二〇席、六テーブルで二〇席、計四〇席を設けました。真向かいの四階建てビルの二階から四階まで借りて、二、三階が事務所、四階をアトリエにしました。

ソウルではオープンカフェスタイルにしました。店舗の前にデッキを設けて、気軽にお好み焼きを食べられるようにしたのと、店の内部が通りから見える一枚ものの透明ガラスを設置しました。

　これまでの韓国のカフェは表から室内が見られないようにするのが一般的でした。お客さんのなかにはコーヒーを飲んで、タバコも吸いたい女性もいたでしょう。ところが、「タバコを女子（ヨジャ）が喫うとは生意気な」と批判されることもあったのではと思います。また人から聞かれたくない話をする場合にも利用されたのか。外から見えなくしていたのは、そうした隠す意図もあったかもしれません。いまでは想像すらできないことです。

大邱の店の成功から若者がトレンドになることを確信しましたから、お好み焼きも新メニューと六種類の焼きそばも加えました。

ＰＲ用では、「お好み焼きのルーツは釜山《プサン》の東莱《トンネ》のパジョン（ネギ焼き）にある」と由来も調べて掲載。東莱はパジョンで有名なところです。チジミは慶尚道《キョンサンド》の方言です。お好み焼きのルーツはいろんな説がありますが、わたしは韓国のルーツとしてパジョンに注目したのです。

ソウルでも成功――若者に受ける

ターゲットを一〇代、二〇代に絞りました。常識的なありふれた店名ではいけないと考え、KOREA FAST FOOD OKONOMI HOUSE「トゥンボ」という名前をつけました。「トゥンボ」は「でぶっちよ」という意味です。太っている子どもの愛称です。

鄭常務《チョン・サンム》が太っていたので、彼の体型から考えました。店のシンボルキャラクターは彼の体型を少しオーバーに描いたものです。

鄭常務《チョン・サンム》の性格はすでに述べましたが、人がよくて親分肌で、友達を無料招待することがしばしば。これにはほとほと弱りました。自分の店のように思っている

ソウルのお好み焼き店のシンボルキャラクター「トゥンボ」、鄭常務をモデルにして作成。

のですから。

当時、外食産業出店ラッシュでした。ホットドッグ、ハンバーガーなどのファーストフードの店ウェンディーズも新村に出店していましたが、一日の売り上げは、よくいって八〇万ウォンくらいではなかったか。「トゥンボ」のお好み焼きは一日一〇〇万ウォンを超えていました。土曜日、日曜日はその倍に迫る勢いでした。

日本の物価の三分の一くらいでしたから、従業員の人件費は十分まかなえました。三日の売り上げで家賃分を出せばいいのが目安でしたが、これも軽く超えていました。

「トゥンボ」はオープンから開店一一時から毎日列が出るほどの盛況ぶりで、日本では一般的なモーニングサービスを始めましたが、どうも韓国人には受けがよくなかった。ポテト、トースト、コーヒーをセットにして始めたのですが、韓国人に人気がなく、しばらくしてメニューから外しました。

フランチャイズ制導入も

お好み焼き店は、初めて開いた大邱《テグ》店、新村《シンチョン》店、梨花《イファ》女子大前と、計三店舗になりました。梨《イ》泰院《テウォン》店、誠信《チョンシン》女子大前店はフランチャイズで始める商談中でした。さらに二店舗も可能性が出て来たところでした。

こんなにうまく行くとは思いませんでしたが、勢いというのは恐ろしいものです。

当時はアメリカのフランチャイズ制が韓国にも入っていました。韓国初のフランチャイズはアメリカのウェンディーズバーガーでした。ピザハットも進出していました。日本からは焼き鳥チェーンのトゥダリが健闘していました。

これらと肩を並べようというのですから、すごいです。

トゥンボ新村店はウェンディーズバーガー新村店と張り合っていましたが、当初はわたしの店の方がお客さんは多かったと自信をもって言えます。それだけ活況を呈したのです。

お好み焼きも、焼きそばもソースを必ずかけますが、オリバーソースの製品を提供していただいた。これが次の展開につながるとは思いもしませんでした。

韓国ではお好み焼きにあうソースなどなかったので、オリバーソースの協力は本当に助かりました。道満雅彦副社長（当時、現社長）が販売促進支援で新村店に来られ、お好み焼きの指導もしていただいた。オリバーソースの韓国での卸元でしたから、新村店はオリバーソース認定一号にもなりました。

鄭常務に助けられて

鄭常務《チョン・サンム》はわたしより年が二歳ほど上で、髪が短く白髪混じりでしたから、一見するとハラボジ（おじいさん）風でした。これで助かったこともあり、逆に思わぬトラブルにも見舞われたことも。

仕事を終えて鄭常務と食事をしていたときです。隣の席にいたわたしと同年代の男性が「ヤー、シバルセキ（やーこら）ノム」と言ってきました。「ノム」とは「奴」という相手を貶《おとし》めることばですが、「セキ」はさらに貶めることばです。ひどいことばです。

なぜ蔑称語を投げつけたのか。

わたしが年上と思われる鄭常務にぞんざいなことば、パンマルを使っていたからです。「年上になんてことば遣いか」というわけです。

鄭常務が席から立ちあがり、「彼はわたしと年が同じや」と言うと、「アイゴー、チェソンヘヨ（どうも、すいません）」と急に大人しくなりました。相当年上と思っていた鄭常務が「同じ年だ」と言うのと、ハラボジと思っていた人の抗議だから、ひとたまりもありませんでした。

話が嵩《こう》じて身分証明書まで見せたこともありました。「あー同い年だ」と、ケンカが終焉しました。年齢が上か下かどうかは、韓国人にとって非常に大事なことなんです。

年齢に関わるエピソードをもう一つ紹介しますと、飲み屋などで友人と話していると、在日韓国人ということがわかったのでしょう。「常識もわからず、なんだ」という意味も込めて、「チョッパリセキ」と蔑称を投げつけられたわけです。「日本人の奴」という差別語です。

鄭常務が立ちあがって、「イ、サラマ（あんた何や）」と言って、「関係ない人が横槍入れるのか」と注意するわけです、「この人はわたしの上司や」とかばってくれました。

韓国では飲み屋で仲間と話していても、隣の知らない人が、話に入ってくるのです。無関心ではおれない。そこが日本人と違うところでした。

学生と警察官の衝突を目の当たりにして

しかし、韓国に住み始めて、偏っていた韓国観にハッとしたものです。

日本で韓国の社会を見ていると、激しいデモで衝突する学生と警察の対立の姿だけだと思いがちでした。しかし、学生の街である新村に店を出してみると、学生対警察だけではなく、デモの最中でも喫茶店でコーヒーを飲んでいる学生もおれば、恋人同士と思われるカップルの学生は警察の衝突に何ら関心を示さず路地裏の一角で食事をとっている。

これまで白黒でしかみてこなかった韓国でしたが、ニュースで報じられない多様な人間がそこにいました。

店の前から五〇メートル離れた場所に警官たちがバリケードを築き、学生達が突破しようと衝突したことが何度もありました。警察官が立ちはだかった道は延世《ヨンセ》大学に通じていました。

盧泰愚《ノ・テウ》政権の時代です。大統領直選制になったといっても、民主化の闘いが止むことなどありません。学生たちは敏感に社会の矛盾をとらえていました。

一方、学生に向き合う警察も兵役で警察に送られた同世代の若者が隊列を作っていました。単に白黒で分けることができない現実がそこにありました。わたしは〈韓国のことは何でも知っている〉と思っていましたが、実は何も知らなかったのです。

学生対警察の衝突が起きると、店の売り上げはガタ落ちです。しかし、仕方がないと学生に声を荒げて批判する人もあまり見かけなかった。わたしも衝突が終わるまで事務所の二階から見ていました。韓国人の鷹揚さを発見したのも、この新村に店を出した収穫でした。

韓国で「生きる」人々の生々しさ、多様さに出会うことになったわけです。

本当の韓国にふれる

新村《シンチョン》店で得難い経験をしました。一つはこれまでふれたように本当の韓国にふれたことです。大阪で思い描いていた韓国ではなかったことです。二つ目は韓国語が上達したことです。

韓国でのビジネスは、朝鮮語力がなければつとまらないことは言うまでもありません。朝鮮語力は一貫して大学まで朝鮮学校で学んだから身についたのです。それと朝鮮人としての民族的自覚も朝鮮学校で学んだことが大きいでしょう。おそらく日本学校に通っていたら無理だったでしょう。

わたしが朝鮮人集住地域である猪飼野で育ったことを抜きにしては考えられません。家業のトックづくりの店には近所の在日朝鮮人のおばさんたちが手伝いに来ていました。片言の日本語で話し、朝鮮語の語尾につける「オン」をつけたり、ハルバン（おじいさん）、ハンマン（おばさん）という済州島《チェジュド》なまりの朝鮮語が飛び交っていました。

朝鮮人であること、朝鮮語が飛び交うことに、何の違和感もありませんでした。こうして身に付けた朝鮮語でしたが、それはあくまでも在日朝鮮語でしかありません。

もちろん在日朝鮮語でもいいし、何ら気遅れすることなどないのですが、韓国でビジネスをして韓国人と対等で渡り合うためには、韓国で身についた韓国語も加味されねばなりません。

ソウルで個展のあと、大邱《テグ》に住んだことをあげましたが、ソウルとはイントネーションが違います。さらに鄭常務《チョン・サンム》は典型的な大邱のサトリ（方言）でしたから、そのイントネーションが身について、わたしはしばしば、「大邱の出身ですか」と言われることがあります。

お好み焼き店で知り合った学生と、店が引けた午後一一時ごろから、近くのポジャマジャ（屋台）で毎晩のように語り合いましたが、俗語、スラング、新語など、韓国語が次々と飛び出してきました。生きた韓国語を彼ら、彼女らから学ぶことができました。

生きた韓国語や若者の文化をスポンジが水を吸い込むように吸収していきました。

2　最初の試練が活路を開く

お好み焼きの売り上げが下降

一年ほどは順調でしたが、誠信《チョンシン》女子大、梨泰院《イテウォン》に続き、ハミルトンホテルや江南区でチェーン店の話が出てきたときに、売り上げが落ちてきたのです。水揚げした新鮮なイカを使わないといけないのに、冷凍イカに変えたりした店があり、客足が遠のき始めました。

すると、お好み焼きで付き物のオリバーソースがだぶつくようになってきました。

当初、ソースは韓国では同業者保護のためＩＱ（アイキュー）品目（特定品目の輸入数量制限）に指定されていましたから、大量のオリバーソースは輸入できませんでした。

ハンドキャリー（入国時に持参）でまかなう方法です。それも数量はしれています。しかし、店舗が拡大するにつれて、とても間に合わなくなってきました。そこで税関を通らないといけなくなり、食品検査などパスしてオリバーソースの必要量を確保したものの売り上げが落ちて、オリバーソースは釜山《プサン》港で積み残されたままになってきました。

どう打開するか。韓国の食品メーカーに相談するしかありません。

第一製糖（現ＣＪ）の大阪支社長金《キム》ジョングアムさんは知己の仲でしたから、大阪時代の人脈しか打開の道が見つかりません。ちょうど徳山物産が酒類輸入卸売業免許取得申請をしていたころ金ジョングアム支社長と頻繁に会っていました。支社長がダシター（韓国の調味料）を日本で販売しようとしていたころです。

〈運がある〉と思ったのは、彼が本社の商品開発部長で帰国していたことです。〈なんとかなるかもしれない〉とソウル市内の第一製糖に直行し、ヒルトンホテルの隣りのオフィスに飛び込みました。

韓国でお好み焼き店をしており、オリバーソースの代理店的な役目をしていることを手早く説明して、「オリバーソースは韓国人に好評です。お好み焼きをやって証明済み。無添加で安心して使えますよ」と、オリバーソースの購入を勧めました。若いから怖いもんなしです。

しかし、そう簡単に事態が打開できるわけがない。金ジョングアムさんは「第一製糖はいま新たな輸入食品を契約できない。ほかの食品で精一杯だ」。急にやってきて、旧知の仲とはいえ簡単に問題が解決するはずありません。金ジョングアムさんが人脈をいろいろあたって紹介してくれたのが元上司で第一製糖にいた裴鐘賛《ペ・ジョンチャン》さんでした。「プルムウォン*の副社長になっているから、彼なら相談に乗ってくれるかもしれない」。

韓国の伝統食品会社プルムウォン社長が神戸へ

その日のうちにプルムウォンに向かいました。会社はソウル市江南《カンナム》区にある「芸術の殿堂」の向かいにありました。当時は三階建てのビルに間借りをしていたと思います。そのビルに吸い寄せられるようにして事務所に入りました。

プルムウォンは添加物を一切使わず伝統的な自然食品の流通を目指す会社でした。今は韓国を代表する食品会社になっていますが、当時はモヤシと豆腐、コチュジャンだけを扱っていました。無添加のオリバーソースはプルムウォンのコンセプトに合った商品でしたから期待はふ

プルムウォン――パルンモッコリ（まともな食べ物）を会社のコンセプトにした。プルムウォンとは鞴（ふいご）の意味で、添加物がない伝統的な食べ物の開発を目指した。八〇年代後半から急成長した。プルムウォンのホームページでは「百年に至る生涯を通じ、エゴイズムを捨てて、人間と人間、人間と自然が互いに共存していく道探しにしきりに挑戦してきた農夫ウォンギョンソン。プルムウォン精神は自ら耕してきたプルムウォン農場で、有機栽培を通じて隣人愛、生命尊重を実践し、さらに戦争のない世の中、世界平和を広く説き、導くことに生涯を捧げた偉大な農夫であり、誠実な平和主義者であるウォンギョンソンから始まりました。」(http://www.pulmuone.kr/jp/main/Index.do）とあり、二〇〇六年には韓国で初めて生産履歴情報システムを有機豆腐と豆モヤシに適用したほか、二〇〇七年には水産物の履歴制度を通じ、海苔類の製品、二〇〇八年には国産大豆で作った豆腐と国産大豆モヤシにまで品目を拡大した。

くらみました。

〈もしかしたら興味を持っていただくかもしれない。プルムウォンしかない〉

裵鐘贊《ペ・ジョンチャン》副社長はわたしの話に関心を示してくれました。「そうしたソースが韓国人に受け入れられていることは初めて聞いた。一度オリバーソースの製造工場を見てみたい」。

こうなるとは思いませんでしたが、プルムウォンの社内での協議が始まり、それからの展開がものすごく早かった。一か月もたたないうちに裵鐘贊副社長とともに南承宇《ナム・スンウ》社長が大阪・伊丹空港に降り立ったのです。伊丹からオリバーソースの神戸市の兵庫工場へ直行、わたしも同行しました。見学ではラインの製造過程、品質管理など専門家ならではの質問も出されました。

製造工程表や実際のソース製造ラインを丹念に見て回って、「これなら韓国で求められている安全、安心な食品だ」と好評価を得ました。

ここでわたしは「大阪に来られたのですから、うちのトックの工場を見ていきますか」と勧めると、南承宇社長は商品開発に積極的な方でしたから、すぐに次の予定を変えて大阪・生野区のトック工場を訪問することになったのです。

時代を先取りしたアボジ

時代を先取りすることは難しい。それは時代を読まないといけないし、巨額の資本投下も必要でしょう。何よりも経験からくる揺るぎない自信がないと実行できない。アボジが導入したパック詰めの完全自動包装機はまさしく時代を先取りしていました。トック工場誕生の背景を説明しておきましょう。一九七〇年代に始まった韓国政府の冠婚葬祭の簡素化奨励は、「在日」社会にも影響が出てきました。祭祀用の伝統食品トックが売れなくなってきたのです。アボジは韓国政府の政策とは関係なく、毎日の朝鮮餅作りから肌身で感じていたことでした。

そのまま防腐剤を入れてトックを作り続けてもいいわけです。しかし、家庭で作るトックは防腐剤が入っているでしょうか。入っていません。防腐剤を入れて売り続けることは、済州島《チェジュド》の人びとが生活のなかから育ててきたトック製造から離れていくことになります。

餅は空気(酸素)にふれるとカビが発生し始める。一〇日もすれば真っ黒になってしまう。このカビ対策をどうするかが最大の課題でした。

洗米した米を水に浸けてから脱水して製粉機で粉にする。これに水を加えるのが次の段階。水で攪拌《かくはん》して団子状にして、蒸篭に入れて蒸して、トックの整形機に入れて製品化するのですが、これら一連の作業を完全に機械化したのがアボジでした。ただ、少しでも酸素にふれるとカビが生えてくるので、当然人間の手を一切さわらせてはならないのが完全自動化でした。

「伝統儀礼の簡素化」という時代に対応し、なおかつ伝統的食品の良さを活かすにはどうすればいいのか。自然食品を再評価し、小分けしたトック、それも完全自動包装機を導入しようと考えることになったのです。

「サトウの切り餅」の手法がヒントになったと聞いています。絶えず改良、改善に向けてアンテナを張ってきたことが、完全自動包装機の開発の情報をキャッチして、朝鮮餅の製造に導入したわけです。

新しいもの好きで、近所で一番早くテープレコーダーを買ったのはアボジでしたし、車もそうでした。ダイハツの「コンパーノ」というワゴン車を朝鮮市場で一番早く購入したのもアボジでした。

新しもの好きなのは、探究心が人の何倍もあったからでしょう。

この切り替えの早さはどこで身に付けられたのか。

一九八四年にトックの自動包装機を導入したのですが、ほとんど機械は稼働しませんでした。たしかに、中秋や旧正月にはよく売れました。しかし、普段はスーパーでトックを特設コーナーで販売してくれていても、二週間ほどで売れなければ返品されました。

一九八四年といえば、まだ韓国食ブームが到来していません。惨憺たる結果でした。期待していたトックが売れない。ただ八八《パルパル》オリンピックがソウルで開催されることが決まっていましたから、「八八オリンピックが近づけば、韓国食が見直される」とアボジは予想していたのか。そのあたりはわかりません。

「安全で、安心、ほんものの味」を精魂込めて作り出せば間違いはないという楽観論はあったでしょう。こうなると賭けでしかないでしょうが。

その賭けが、八八オリンピック前にしておきた韓国食ブームの到来で苦境を救うことになったのですが、アボジはそこまで見通していたかもしれません。

韓国でトックの自動包装機導入へ

南承宇《ナム・スンウ》社長、裴鐘賛《ペ・ジョンチャン》副社長ともにトックの自動包装に驚きました。韓国でのトックづくりのイメージを一新するものだったからです。

韓国ではトックに防腐剤が入っているのは当たり前でした。それが無添加で防腐剤なし。自動包装機でパックにして次々と製造されるトックが出てくるのは、衝撃だったと思います。「機械化がここまで進んでいるのか」。驚きしかなかったでしょう。韓国ではパンアッカン*（餅屋）でチンツキ（餅つき）をしてトックを作っていたのですから、当然でしょう。

南承宇社長は小分けされ、パッケージ化されたトックを見て、「これは韓国にない。伝統的な食品トックが、小分けされて簡単に食べられる。これこそわたしたちが追求してきた食べ物だ」と感想を述べたのに対して、アボジは「無添加食品は脱酸素剤で長期保存できます。餅は少しでも空気にふれるとカビが生える。だから脱酸素剤によってパックの酸素を吸収することで腐敗を防ぐことができるのです」と説明しました。

プルムウォンはその後の交渉で、トックの完全自動包装機導入を決めるのですが、大阪での南承宇社長の反応をみて、わたしは〈フランチャイズ展開を始めたお好み焼きはもうやめていいかもしれない〉と思い、次の展開を考えていました。

一年半かけて展開してきたお好み焼き店の撤収は早いものがありました。

パンアッカン——「パンアッ」は臼(ウス)でつくことを言い、「カン」は部屋の意味。「ムルパンアッ」とは水車で臼をつくことを意味し、「トルパンアッ」は石臼でつくことの意味になる。唐辛子やゴマ油をついてもらったりした。

このときに運が良かったのは、安い権利金で借りた店舗が、契約の解消時には倍以上の額で転売できたことです。韓国はバブル経済の真っ最中で、不動産価格が急騰していたからです。ここで一億ウォン以上を手に入れることができました。

災い転じて、ということですが、自分に風が向いているときがあるものです。言い古されたことばですが、ピンチがチャンスになることがあるんですね。

当時は作家小田実さんの作品をよく読んでおり、とりわけベストセラーにもなった『何でも見てやろう』には触発を受けていました。ですから、プルムウォンの話に何ら躊躇することはありませんでした。〈何でもチャレンジする〉精神は、若いからできたのです。

「韓国一の餅屋になる」

南承宇社長の提案は次の三通りでした。

(一) プルムウォンが工場を建設し、ロイヤリティを徳山物産に支払う。

(二) 工場などの設置は徳山物産とプルムウォンが五〇パーセントずつ出資で、流通はプルムウォンが行う。

(三) 工場などの建設と機械設備は徳山物産が行い、流通はプルムウォンが行う。

わたしは(三)の案に同意し、代表権のある徳山物産社長のアボジに報告しました。どう判断するのかでした。

「アホなこと言うな。韓国にもっていったら技術盗まれるだけや。利用されるだけや。やめとけ。そんなに甘いもんじゃない」

真っ向から反対でした。

これまで在日韓国人が韓国で企業化しようと挑んできましたが、ほとんど失敗に終わりました。韓国での商売にしても会社経営にしても、ノウハウ、人脈、資本力を持つのは、韓国人、韓国資本です。「事実はちがう。韓国に進出した日本企業は韓国の会社を子会社化しているではないか」と言われるかもしれませんが、それは日本の大企業、資本力のある会社に限ります。大阪でも日本のバブル経済成長期に多くの在日同砲が韓国で企業を立ちあげるため訪韓しました。しかし、アボジが言うように、ほとんどが失敗しました。成功したのはごくわずかでした。

すぐ下の弟性佑《ソンウ》は本社の工場長をしていて、わたしといっしょにアボジに説得してくれました。

弟（洪性佑）「ハルモニが鶴橋の国際市場や朝鮮市場の路上でトックを販売して始めたのが、母国の韓国で販売できるようになるんです。こんなチャンスはありませんよ。お願いします」

わたし（洪性翊）「アボジが生活の糧でやっていたトックが、息子らが韓国に行って、韓国一の餅屋になったらいいのではないですか。やりましょう。韓国でもやれるんです。夢にも見なかったことが、いま実現しようとしているではないですか」

何度話し合ったことでしょうか。わたしらは夢を語り、アボジは現実の厳しさを語ったのです。話が噛《か》み合うはずありません。アボジは現実の厳しさを嫌というほど体験し、一歩、一歩、慎重にトック作りを進めてきた方です。

アボジ（洪呂杓）「お前ら、地に足がついているのか。夢を語るのはいい。しかし、夢ではメシが食えない。甘い見通しでは太刀打ちできない。一つ間違えば地獄の底ということを知っているのか。夢と現実は違う。現実を固めて固めてこそ夢が見えてくる。夢とはそういうものや。どれだけ甘い夢に酔い、辛酸を嘗《な》めてきた人を見てきたか。まだ徳山物産は財政的に強固ではない。失敗すれば、いっぺんで吹っ飛んでしまう。わかってんのか」

わたし「ハルモニが荷車に積んで売り歩いて四〇年近くたちました。考えもしなかったことが実現しようとしています。いま、韓国一の餅屋になるチャンスが来たんですよ。アボジ、やりましょう。韓国一の餅屋を目指してどうですか」

アボジ「日本の餅と朝鮮餅のトックは違う。餅米から作るのが日本の餅や。トックは米の粉か上質米から作る。日本の餅は、煮込んだら、溶けてしまう。朝鮮のトックは煮込んでもスープに溶けない。だから、こんな餅があったのかと、日本の家庭で使う人が増えてきた。韓国はどうや。もうトックはあるやないか。どうして市場が開拓できんのや。甘ない、甘ない」

わたし「韓国では徳山の製法がないんです。開発されていないんです。防腐剤も入れず、三か月ももつトックはないんです。これにプルムウォンは注目したわけです。こんなチャンスはないでしょう。やりましょうや。どうですか。お願いします」

アボジはとうとう根負けしたのでしょう。「そんなに言うのなら、勝手にやれ。お好み焼きを整理してやればいい。しかし、お金はびた一文も出さないから」と折れました。「折れました」というより、折れてくれました。

資金援助は以後、一切なくなりました。

このプルムウォンと協力したトックづくり、販売が動きだしたときこそ、わたしが韓国食品のビジネスに乗りだした原点になったと思います。また弟といっしょにアボジの説得で強調した「韓国一の餅屋」になることは、わたしを駆り立てた最大の要因でした。

3　人生最大の危機——倒産寸前に立たされて

いよいよ韓国でトック工場稼働

韓国での事業展開にパートナーとして食品の大手会社で流通にも精通している方を探しました。鄭常務《チョン・サンム》は朴《パク》サンイさんを紹介してくれました。東洋食品理事でコチュジャン工場をやっていた人でしたが、「夢のある話です。やって見たい」と快諾していただきました。

忠清北道《チュンチョンブクドウ》　陰城《ウンソン》郡のプルムウォンのコチュジャン工場の近くに工場を建てることにしました。

韓国の食品業界は添加物質が入った輸入食品が主流でした。これにプルムウォンは伝統食品に注目した戦略で対抗し、デリバリー（配達）での全国展開を軌道に乗せていました。プルムウォンが販売するわけですから。プルムウォンの工場になるべく近いところが工場立地の条件になるわけです。

ところが政府の許可がなかなか下りなかった。ほかの土地を探し、道路沿いで輸送しやすいところが適していますから、場所は限られていました。やっと見つけたところは宅地開発されておらず、造成、整地から始めねばなりませんでした。

トック工場を稼働させるためには、用地の確保、用地整備、各種施設の許認可が必要です。トックの原料である米の確保、自動包装で腐敗を防止する脱酸素剤の確保もカギです。

さらに地元民からの承認がいります。建設用地は槐山郡《ケサン》（現槐山郡沙梨《サリ》）で周辺住民からの承諾が必要です。工場の稼働に向けて住民の雇用を積極的に行ったことや、排水処理場も政府の指導に従って建設を進めました。ですから建設反対はありませんでした。元里長の尹《ユン》ソッポンさんは工場のすぐ北に住んでおられて、工場では課長職として迎え入れました。

ただ、関連機械の輸入では大きな壁がありました。国内産業の育成から日本から輸入できない製品、機械が含まれていたことです。ＩＱ品目に自動包装機が入っていたことです。

少し専門的になりますが、自動包装機はロータリーモーションとボックスモーションの二種類があります。ロータリーモーションは機械が回りながら包装するのに対して、ボックスモーションは四角い箱を作るようにしてシーリング（蓋）をする。箱の角で押さえつけて包装の最終段階で空気を一切シャットアウトできる機械です。

ロータリーモーションは早く包装できますが、ボックスモーションは一つ一つの包装に圧力を加えてするため時間が長くなります。つまり二つの機械は、シーリングでの差があるということです。

ＩＱ品目に指定されていたのは、ボックスモーションでしたから、日本から機械を輸入することができませんでした。ですからロータリーモーションで包装するしか方法がなかったのです。ロータリーモーションは空気の遮断が必要ない食品、例えばアイスキャンディーのパックなどでいまも使われていますが、ボックスモーションがまだ開発途上の韓国では、代用されていたのです。

排水処理場の認可が厳しく、造成から竣工まで半年くらいかかりました。やっと入手できた用地は約二〇〇〇坪ほどで、工場は三〇〇坪の規模になりました。これは大阪の工場の三倍ほどの規模でした。

問題はトックを作る機械です。パーツに分けて輸入することにしました。大阪から釜山《プサン》に送ってもらい、各パーツごとの機械を大阪から来た技術者が組み立てました。機械は運賃も含め八〇〇〇万ウォンもしました（当時の相場は韓国ウォンと日本円は一対五ほど）。

トックは二個のサイロ（タンク）で製造し、大阪の二・五倍の製造を目指しました。

出来あがったトックは無菌の大型冷蔵庫で一日冷《さ》まして無菌の包装紙につめてカッティングして自動包装して仕上げていきました。

脱酸素剤が問題です。韓国は製造を始めたばかりでしたが、テストをすると酸素の吸収が弱いので、三菱ガス化学から取り寄せて準備しました。包装機はＩＱ品目ですから、日本で稼働していた機械を輸入できない。韓国のロータリーモーションで代用しました。

袋詰めのトックにカビが生える事態に

ベルトコンベアでトックが出てくると、思わず涙が出ましたよ。

〈やっとここまできたか。あのプルムウォンのオリバーソースの兵庫工場見学から始まって、一年もたたない〉

プルムウォンがデリバリーを引き受けてくれます。こちらは「安全、安心の味」を作り出せばいいのです。

トラックがパック詰めのトック五〇〇ケースを乗せて出荷するときには、「万歳《マンセ》、万歳《マンセ》」と従業員と叫んで送り出しました。工場の入り口両側に渡したテープをトラックが切って走って行きました。感動そのものです。これまでの努力が報われた瞬間です。

わたしはロッテ百貨店と大型スーパーである現代《ヒョンデ》スーパーを見に行きました。食品売り場で徳山食品の名前が入ったパックのトックを見て、ここでも涙が出ました。実感がやっと湧いてきました。

精魂を注ぎ打ち込んできた事業がスタートを切るとき、期待と不安が相半ばするものですが、わたしは期待が不安な気持ちを凌駕《りょうが》しました。あまりにも楽観的すぎるでしょうか。

しかし、思いもしない展開が初出荷から五日目に現れました。ソウル江南区《クアンナム》の高速バスターミナル近くのアパートで熟睡していたわたしは、一本の電話で叩き起こされました。

担当者「社長、カビが生え返品が戻ってきています」

わたし（洪性翊）「脱酸素パックに酸素が入るはずないでしょう。カビが生えるはずないのに」

担当者「しかし、スーパーから苦情が次々ときています」

わたし「ありえない。万全を期して送り出した。そんなことはないはずです。どうなっているのか」

わけがわかりません、どうしてカビが生えたのか。大阪の工場ではそんな苦情は聞いたことがないだけに、信じられませんでした。

しかし、現実は違いました。カビの生えたトックが次々と忠清北道槐山郡《チュンチョンブクドケサン》の工場に運ばれて来ました。五日前にはテープを切って「万歳」の声に送られて出ていったトラックが、今度はカビの生えたトックを積んで戻って来ました。たちまちのうちに工場の中庭は廃棄を待つトックの山になりました。泣きながら焼却しました。

〈どうなっているのか。こんなはずなかった。なんでや。どうやって打開できるのか〉

お好み焼き店を処分して手にした分で、土地を買い、造成し、工場を建て、機械を輸入して、もうすっからかんです。どうすればいいのか。プルムウォン側からは、「事態を早く収拾してほしい」とお叱りを受けました。当然のことです。

毎日の出荷体制を組んでいましたから、一か月の製造工程も決めて、今日はソウル江南区のスーパー、明日はソウル鐘路《チョンロ》区のスーパーなどと決まっていました。それが五日目から全部ストップです。

返品の商品を調べると、トックの袋がパンパンになっていました。菌が繁殖すると膨張するのです。カビが生えているトックを水に浸けると、泡《あぶく》があがってきました。包装のビニールに微小な穴があいていたのです。

包装部分は背貼りと前と後ろの三つ貼る部分があり、三面を合わして貼るところにごく小さな穴があいていました。原因は小さな穴から空気が入り、菌が増殖したのです。ロータリーモーションでは脱酸素剤で完全に密封した製品を作れなかったのです。

金策に走り回る――「もうダメだ」

わたしが犯した失敗の一つは、包装機のメーカーが大阪の川島機械製作所のようにしっかりしていると思っていたことです。韓国の機械メーカーは小さな零細企業が大半でした。もちろん零細企業でも技術のしっかりしたところはありましたが、当時、脱酸素剤を入れた食品を流通するには、韓国の技術が追いついていなかったことにあります。

事業を始める場合は、そうした情報を収集することがいかに大事かを痛感したのですが、韓国に住んで、まだ二年もたっていません。新規開拓の調査をしていません。情報を得るルートもない。これが大きな躓《つまず》きでした。

出たとこ勝負できましたが、そのツケがきたのかもしれません。しかし、大企業では市場調査や機械部品の検討などできますが、わたしのような中小企業では資本力からいっても無理でした。おかれている現状に対して最善を尽くすしか方法がないのです。

技術陣はロータリーモーションを何とか改善しようとして試行錯誤しました。包装を強化して一週間工場に保管しておいて、カビが生えない製品だけをスーパーにかけました。しかしまたカビが生えて返品されてきました。最初の返品から二回再チャレンジしましたが、いずれもカビが生えたトックが返って来ました。ごくごく小さな穴が包装の袋に空いていたのです。

現代の食品流通のシステムからみれば考えられないでしょう。というのは、カビが生えた時点でまず取り引き中止です。よほどのことがない限りスーパーの食品コーナーに並ぶことはありません。営業停止になり、立ち直ることは難しいでしょう。倒産は目に見えています。

ところが当時の韓国はそうではなかったのです。改善して再チャレンジさせてくれました。それがまたカビが生えてしまった。

元里長の尹《ユン》ソッポンさんの仕事（課長職）も一か月だけ休んでもらうことにし、近隣から働きに来ていた方も休職にしてもらいました。この間の給料は未払いのままでした。

他の幹部職員とＱＣ（クオリティ・コントロール）担当職員、そしてわたしが残り、最終的に完全操業ストップを決めました。カビ発生で初めて返品されてから二か月後です。

金策に走り回りました。当時は月三分の利子が基本でした。年率三六パーセントです。韓国に来て二年足らずです。信用を得るような事業を展開してきたわけではありません。億単位のお金を貸してくれる人などいませんでした。

唯一、韓国人参振興公社の洪求杓《ホン・グピョ》社長はわたしと同じ*南陽洪氏《ナミャンホンシ》であることを知り、個人的にお金を貸してくれました。これには本当に助かりました。

アボジにも頼みました。「金は貸さん。韓国に進出する前に言うたやろ。そんな簡単なもんではない。わかったやろ。ええ勉強したと思い帰ってこい。みんな放って帰ってこい」

個人商店ではないですから店じまいなどできません。逃げ出せない。とうとう金策尽きて自死まで考えました。心あたりで金を貸してくれるところがないか、這いずり回りました。楽天的な鄭常務《チョン・サンム》は、このときばかりは違っていました。役職は常務ですから、当然のことでしょうが、あんな真剣な鄭常務は見たことがありませんでした。いい加減なところが消えていました。

二人とも金策でへとへとでした。わたしは万事休して会社の管理職からもお金を借りてしまいました。これは最低のことですが、そこまで追い込まれていたのです。

頭がボーとして、眠れないのです。「お先真っ暗」とは、いい考えが浮かばず、頭が回らない状態になることですね。冷静な判断ができなくなる。

こんなしんどいことは人生で経験したことがないし、出口が見えないから、〈自死〉が頭に浮かびました。

これは本当に逃げかもしれませんが、どうにもこうにも解決が見つからないと、良からぬことを考えてしまうのです。借金返済のこと以外は眼中にないので、自分が勝手に判断してしまうのです。

〈もうだめだ。どんな解決方法があるのか。誰に相談すればいいのか。見つからない。考えられない〉

日韓技術陣のチームワーク

しかし、わたし一人だけではなかった。金策に走り回る鄭常務、プルムウォンとわたしの会社のQC担当職員が工場に連日詰めて、機械のチェックに当たっていました。打開策を協議しない日はありませんでした。〈もうだめだ〉という悲観的な考えが支配する一方、幸いにも孤立化することはありませんでした。

わたしが一番気がかりだったのは、ここまでの事業展開に協力を惜しまなかったプルムウォン副社長の裵鐘贊《ペ・ジョンチャン》さんに申し訳が立たないことでした。

〈なんとかしなければ、裵副社長がいたから、協力してくれたからここまでこれた。事業を進めてくれたが、信用を失ってしまう。取り返しがつかないことになる〉

南陽洪氏――済州島（チェジュド）入島の祖洪允康（ホン・ユンガン）の本貫が南陽であり、洪允康が南陽洪氏文正公派であることからその子孫が門中を組織している。毎年一回五月五日に総会を開き門中の結束を固める交流をかねて済州島の聖地に集まる。南陽洪氏にあたる在日韓国人も集う。聖地には洪允康入島六〇〇年を記念した碑文（二〇〇二年建立）や、儀式を行う斎閣（普問祠）や会館、管理舎が整備されており、一八六〇年代の『南陽洪氏世譜　本題南陽洪氏族譜』（写本）など所持している（金泰紘〈キム・テヒョン〉編者『済州島流人伝』〈図書刊行会、一九八一年〉、南陽洪氏済州特別自治道門中会「二〇一九年度定期総会会議資料」参照）。

〈地元の方への信頼も失う。工場稼働に協力してくれた村の人たちに、どのように説明できるのか〉

日本の技術と韓国と協力して機械の一部を運び組み立てられないかという検討を加えていました。ロータリーモーションの改善では、ことごとく失敗しましたから、ボックスモーションに類似したものを韓国で製作するしかなかったのです。

韓国型のボックスモーション作りにチャレンジしました。失敗に学ぶとは、まず諦めないこと、失敗発覚までの軌跡を再検討すること、そこで現れた解決策を一点一点クリアしていく地道な作業です。失敗のショックだけにとらわれていたなら前を向けない。解決策も浮かんでこない。

技術的な話になりますが、ボックスモーションの技術をどう再現できるかにかかっていました。日韓の技術陣の技量は高く、一つひとつ分かれたパーツを、これまでの経験を参考にして韓国型のボックスモーションの組み立てに取り組みました。

製造ラインの最後に備え付けました。これが失敗すれば、万事休すです。無添加のトックを袋詰めしてカビが絶対に生えない、安心、安全の食品が軌道に乗らないならどうなるか。これまで背負った負債返済の道が完全に断たれます。不安がないと言えば、ウソになります。

機械が動き出しました。トックが計量自動パッケージで計量され、パックに脱酸素材が入り、三重、四重のフィルムでシーリング（蓋）してカッティングして次々と出てきました。

〈大丈夫や、大丈夫に違いない〉

こう念じました。

それから五日間は工場に保管し、空気が少しでも漏れていないか綿密な検査をしました。工場に張り付いていたプルムウォンの技術陣も最終的な判断を下しました。

「小分けの包装技術はこれまでのようにパックに微細な穴ができることはありません」

「脱酸素剤パックは強力で、パック内の酸素を完全に吸収しています」

技術陣はこうプルムウォン幹部に報告をあげました。

プルムウォンの南承宇《ナム・ソンウ》社長は報告を聞いて、胸をなで下ろしたようです。「それなら来週からスーパーに卸していいだろう」と、やっと再開が決まりました。

この機械でいけると最大の危機を乗り越えた確信をもちました。カビ発生から三か月たっていました。

4 韓国海苔工場稼働と共和国の冷麺工場建設計画

「当面の五〇〇万円がない」

さてこれからが大変です。包装機の部品を入れ替えねばなりません。幹部職員に借金を返さないといけないし、町の金融屋で月三パーセントの利子の借金も返済しないといけない。トックの原材料の米代など数えるとキリがない。

一時しのぎかもしれませんが、目の前の五〇〇万円がどうしても必要でした。アボジは一切出さないので頼ることができない。困りはてて弟の性佑に話をもちかけました。

弟は新婚で家を建てたばかりでした。「なんとかしてくれないか」と頼むと、その家を担保にして五〇〇万円を貸してくれました。

あと延々と借金返済に追われるのですが、工場の稼働が進み商品代が入ってくると、徐々に借金が減っていきました。

トック生産がまたトラブルを起こすと完全に倒産でしたが、そうした事故はなくスムーズに行きました。わたしはつくづく運が良かったと思います。

大阪のトックの生産量は日量最大二トン。韓国では製造ライン（サイロ、蒸し器、整形機などの規模）を三倍に増やしたので毎日六トンを製造しましたが、飛ぶように売れました。これまでの苦労がウソのようでした。

最初のつまずきをプラスにしないと、試練を生かすことにはなりません。慎重の上に慎重を重ね製品へのチェックを行いました。もちろん、トックの安全性へのチェックは言うまでもなく、作業場の衛生面で徹底した管理をしました。

冷麺工場が稼働

トック製造が軌道に乗ったことで、プルムウォンは「冷麺を製造したらどうか」と要望してきました。危機を乗り越えてしばらくしてからです。夏場に冷麺が求められるので、「徳山なら安全な冷麺生産ができるだろう」とみたのです。

冷麺を大阪・生野区の本社で製造していましたから、徳山物産は冷麺づくりのノウハウが確立していました。基本はトックの完全自動包装と同じ脱酸素剤を使う方法です。

いまでは考えられませんが、大阪で冷麺はどこでも食べられるものではありませんでした。わたしの子ども時代は猪飼野でしか食べられなかった。御幸通中央商店街にある徳山商店から御幸森神社の方に東に行ったところに、かつて平壌園《へいじょう》という冷麺を出す店があり、そこの冷麺がとりわけうまかった。筋肉隆々の兄ちゃんが汗だくで冷麺を作っていたのを思い出します。当時は冷麺をすぐ食べられないのです。お客さんの注文があってから麺をこねて出したものです。つまり打ちたてを提供していたわけです。大変な体力が必要だったので、冷麺作りの大将（料理人）は嫌がりました。

徳山の冷麺はこの平壌園の冷麺が原型です。アボジはソバ粉の配合とか塩加減とかを独自に工夫して冷麺作りに取り組んできました。

日本のそばとのちがいはどこにあるのかですが、日本のそばは練りあげてカットするのですが、冷麺はカットするのではなく押し出し機で、一束、一束作り出す方法です。これでは量産化できないので、アボジはトックの完全自動包装技術を生かして大量に生産する機械を発明しました。

トックのように機械設備の不備があってはならないので、プルムウォンから依頼を受けて大阪から機械の設計図を韓国に持ち込み製作しました。大阪との違いは「より細い麺を作れないか」と検討したことです。これは生地を練るときに真空状態にして可能になりました。韓国で改良した製品を作り出すことができた、と言えます。

「借金苦だったのに、どう工場建設費など捻出したのか」と思われるかもしれませんが、徳山物産が持っていた韓国トック工場の株一〇〇パーセントを三年がかりで少しずつプルムウォンに売り、その株売却益で冷麺工場建設費やこれまでの借金返却にあてました。最終的に徳山とプルムウォンの持ち株は各五〇パーセントになり、共同経営というかたちになったということです。

冷麺は最終的に日量八トンで大阪の四倍以上生産しましたが、それでも注文に追いつきません。韓国で完全自動包装、無添加のトック、冷麺はなかったから注文が集中したのです。トック工場が三〇〇坪の規模に対して、冷麺工場は二〇〇坪の工場を建設し、トック、冷麺工場が建ち並び、朝八時から一斉に稼働しました。

わたしの作品を何万の人が買ってくれる喜び

トックにしても冷麺にしても、わたしが作る韓国食品を一〇〇円、二〇〇円で買ってくれるわけです。そのことに意義を見出すようになりました。一旦仕事を始めると、これまでになかった価値観が生まれてくるのは自然なことかもしれません。

一九八九年にロッテミュージアムで開いた個展は、三週間で来場者は二万人という盛況でした。大阪のグランドギャラリーでの個展は一五〇〇人の方が来られました。それは得難い経験でしたが、トック、冷麺は何十万、何百万という人が、わたしの作品、商品を買っていただける。本当にありがたいことです。

トック、冷麺を作りながら、ロッテ百貨店などへ商品の販売状況を見に行ったのですが、そこで日本人観光客が「韓国のコチュジャンの瓶は大きい。もっと小さいものがあればいいのに」と話していることにピンときました。

当時、食品は小分けした商品が主流になってきました。その背景には、核家族化、独身生活者の割合が高くなってきたことに要因があるでしょう。社会的動向を冷静、厳密に分析しないと時代について行けません。顧客の反応を緻密に分析しないと、とんでもないしっぺ返しを受けます。

画家としてこだわったのは、包装パックにプリントするロゴのデザインの斬新さです。「食はアートだ」という徳山物産の標語がいまもあるのですが、絵画を追求してきたから思いついた標語です。

製品では、「班家《バンガ》名品」という名前を考えて、韓国で製造する食品の包装パックにこのロゴをつけて販売しました。韓国の食品は、宮廷料理、両班《ヤンバン》料理、地方の特産物の三種類に分けられるのですが、「班家名品」という名前は、両班の名前からヒントを得たものです。

「地方の特産物」ということでは、あとで述べる（株）宇成《ウソン》の共同代表になってからですが（二〇〇〇年）、韓国海苔の原材料の特産地をまわり、海苔の買い付けに走りました。地方の特産品を見つけるためでもありました。韓国の南海岸、西海岸と回り、製品の質が落ちないように努力してきました。

南海岸と西海岸では海苔の質が違うのです。日本への韓国海苔輸入のためには、どこから取り寄せるのがいいかを研究しました。その研究成果も加えて京畿道利川《キョンギドイチョン》市内に（株）宇成の共同経営者として韓国海苔工場を稼働させました。二〇〇四年のことです（後述）。

社長就任の三つの柱

社長職に就任しての経営の柱は、トック、冷麺などの販売拡大はいうまでもないのですが、以下の三点を考えました。

一　韓国から輸入した食品は委託販売ではなく、自社で製品化して販売する。

二　韓国食品の世界への紹介。

三　ＱＣ（クオリティ・コントロール）の重要性。

まず一ですが、最初は韓国食品会社の日本の総代理店になり、即席麺「辛ラーメン」、マッコリ「農酒」、コチュジャン、シーチキン、フリーズドライのキムチスープなどを輸入販売し、韓国食品販売に力を入れました。「辛ラーメン」、マッコリの輸入は徳山物産が日本で初めて手がけました。

一九七〇年代後半から日本で韓国食品の販売網を持っていたのは、おそらく徳山物産の前身徳山商店だけでした。同胞たちが多く住んでいる大阪、神戸、東京、広島、福岡などに朝鮮の乾物屋さんが営業していました。そこへ徳山商店が韓国食品を送っていました。輸送手段は「チッキ」（鉄道による手荷物輸送）と言われる方法で運びました。

「徳山に持っていけば、販売できる」と依頼を受けることが多くなるのですが、ただ委託販売では利益率も少なく、せっかく販路を開拓しても、製造会社が日本支社など開設して直接売れば、これまでの努力が水の泡です。徳山物産が委託した韓国の食品会社が製造し、徳山物産の名前で売る方法です。委託販売での痛い経験を生かすことができました。

共和国の開城のコチュジャンが韓国に

二〇〇二年ですが、わたしがもしやれるなら、朝鮮の八道*の名物を世界に発信したいと考えました。開城《ケソン》のコチュジャン、平壌《ピョンヤン》の冷麺、両江道《ヤンガンド》の両江酒をまず紹介したいと思っていました。

一九八一年に教員代表団の一員として共和国を訪れたことはふれましたが、開城の街の美しさとともに、コチュジャンの味が忘れられませんでした。同胞にも人気で「開城のコチュジャンは美味しい」と評判でした。

八道――朝鮮王朝時代に朝鮮半島においた八つの行政区分となる道を八道という。京畿道（キョンギド）、忠清道（チュンチョンド）、慶尚道（キョンサンド）、全羅道（チョルラド）、江原道（カンウォンド）、平安道（ピョンアンド）、黄海道（ファンヘド）、咸鏡道（ハムギョンド）。

ところが防腐剤など入っていないので、すぐ変色して真っ黒になる欠点をもっていました。韓国でトック、冷麺を製造していましたから、韓国の技術なら真空保存で輸入して販売できるのではないかと考えました。

現在の日韓の製造方法は発酵促進剤を使い、短時間で発酵させる技術が開発されて生産していますが、開城のコチュジャンは伝統的な方法だけに貴重でした。

一年も二年もかけてコチュジャンを作っていましたから、コチュジャンのタンクの上は真っ黒で固くなっていましたが、数センチ下のコチュジャンは熟していて本当に美味い。これを真空状態で瓶に詰めることで、色も変えず製品化できると考えました。

二〇〇〇年に共和国に行きました。コチュジャン工場を見学して、交渉は招待所*で食品関係の担当者と話し合うことができました。

話はそんなに難しくなかった。共和国としては外貨獲得のチャンスだからです。

コチュジャンの瓶はどこにするか。中国で作り、充填機（瓶に詰める機械）と包装のラッピングの機械などを共和国に送ることにしました。韓国では「班家《パンガ》名品」の名前で販売していましたから、共和国でも「班家名品」の名前で販売することになり、瓶のパッケージは「班家名品」でした。

韓国で売れるように、コチュジャンの説明書き、成分表、贈答セットの箱まで作りました。まだ日本で経済制裁が行われていなかったので、共和国から韓国が可能でしたから、日本の法的規制を受けている「在日」でも、韓国の輸入が可能だったのです。

二〇〇二年に妻の韓清子《ハン・チョンジャ》と共和国の順安《スナン》空港に行くと、「班家名品」のシールがついたコチュジャンを売られていました。そのときは金剛山《クムグアンサン》観光が行われていたので、金剛山の観光地の土産物売り場でも販売していました。

ところが韓国ではコチュジャンがＩＱ品目に指定されたのです。安いコチュジャンが入ると、唐辛子農家が被害を受けるから、農家を守るためＩＱ品目に指定されていたのです。

制限量は二〇トンとか三〇トンだったと思います。一〇〇〇トンはすぐ売れるのですが、二〇トン、三〇トンでは話にならない。これだけの輸入制限では韓国で企業化できません。

共和国のためにも、韓国の消費者のためにもチャンスでしたが、事態を打開できないまま推移しました。

中国からコチュジャン用の瓶の在庫がある限り生産していたと思いますが、観光用では数量が限定されます。韓国で輸入できないのですから、さらに投資をしていくわけにはゆきません。

結局は韓国での共和国のコチジャン販売は断念しました。

南北で徳山物産の食品を流通させるという夢は、もう一歩というところでした。

冷麺を共和国で生産へ

しかし、夢を見ただけではなく、さらに挑戦することに意味があるのです。次に冷麺を生産

招待所――共和国に点在する外国人のの来賓客向けの宿舎　ランクが上の外国人用の招待所だった可能性がある。にも使われている。著者が冷麺工場建設で交渉したのは、

することを考えました。

三回目の訪朝で朝鮮《チョソン》労働党の幹部に会いました。招待所で商談をしたのですが、このときに対応したのは在日朝鮮人担当の最高幹部でした。韓国、日本から持ってきた「班家《パンガ》名品」「キムチの壺」（徳山物産が日本で製造している朝鮮食品）を並べて力説したのは、共和国の食品が優秀で市場が待っているということでした。

「トランクにいっぱい詰めた班家《パンガ》名品の冷麺、朝鮮餅などを、本場の朝鮮から日本に輸出しましょう。そうすれば、朝鮮の美味しいものがいくらでも売れるのではないですか」

共和国側は好意的でした。なんとか経済的苦境を脱したいという思いを感じました。

わたしが出した条件は、平壌《ピョンヤン》の第一発電所の近くで三〇〇〇坪の土地に冷麺工場を建てることでした。電力事情が不安定ですから、その不安解消のために一番に掲げた条件でした。金正日《キム・ジョンイル》朝鮮労働党委員長（当時）の最初の視察地になれば「優先的に電気を供給してくれることになる」と聞いていましたし、「第一工場に指定される可能性が強い」と係官は言っていましたから、期待はふくらみました。

平壌の第一発電所近くの用地、工場設置の要望は、党の最初の認定工場になることを見据えたのです。

食品の安全性ですが、HACCP*（ハサップ）に認定されることまで考えました。認定されれば世界のどこでも販売できることになります。

〈朝鮮食品の世界進出は共和国の願いでもあるし、その道筋をつけたい。わたしがいまできる

ことではないか〉

共和国側は発電所、用地、工場の要望を明文化することで、徳山物産側は三〇〇万ドルの投資をする契約をしました。

〈次は冷麺生産のラインの導入になる。ここまでくればなんとかなるのではないか〉

最初は三〇万ドルする手導のラインを韓国から送ることにしました。

機械のパーツは計二〇種類ほどあり、すべて韓国統一部で審査がありました。パーツごとに細かく写真に撮影して提出しました。これらはすべてコチュジャン工場での機械輸出手続きと同じでした。

盧武鉉《ノ・ムヒョン》政権の時代です。金大中《キム・デジュン》政権からの太陽政策を継続しており、共和国とは友好的な関係でしたが、しかし、軍事関連に転用されるパーツがあればストップがかかります。審査をパスしなければなりません。

南北は戦争（朝鮮戦争）が過去の歴史になっていないのです。これは日本に住んでいたらその残酷さはピンとこないものです。軍事面での緊張はメディアで伝えられるのですが、「対岸の火事」のように受け取りがちです。

しかし、南北両国はそうではない。何年間対立しているのでしょうか。七〇年になろうとし

HACCP――「Hazard（危害）」「Analysis（分析）」「Critical（重要）」「Control（管理）」「Point（点）」の略語で、HACCP認証を受けると、衛生管理システムとしてHACCPが確立し評価食品製造の安全性を確保していることを示すことになり、合格企業には認証機関から「HACCPマーク」を受ける。

ています。工場稼働では電力の確保を最優先にしましたが、南北の対立が決定的になるまで電*力不足は「協調関係」で両国は互いに補ったものです。

電力というエネルギー源の確保は国家運営の根幹をなすものです。朝鮮戦争の戦後復興*では電力確保が要にありました。エネルギーの安定供給ができないと経済開発も民衆の生活も大変です。南北が協力してなんとか進めないものでしょうか。こう思ったのは一事業を共和国で始めようとして痛感したことです。

冷麺工場始動にスタンバイはできたが

共和国で朝鮮食品を生産して韓国に輸入するだけでも、安全保障上の問題をクリアーしなくてはなりません。厳しい審査をへて、仁川《インチョン》港から共和国黄海道南浦《ファンヘドナンポ》港に向けて一切の部品を積み込みました。機械は日本企業で冷麺の長期保存できる機械を探していたのですが、ちょうど中古の機械があり購入することができました。

最初は試験的な生産モデルになるラインを探していたところ、忠清北道《チュンチョンブクド》にある冷麺製造会社（株）BEODELE《ポドル》食品からの売り込みがあり投資することにしました。これは手動式ではなく完全自動化のラインを備えたものでしたから、完全にスタンバイ（準備）できたわけです。

この冷麺製造の機械を次の段階で共和国に送る予定でした。二〇〇五年のことです。

本格的な工場建設がいよいよ実現できることになったのです。当然、夢は広がりました。ところがです。二〇〇七年の共和国の大陸間弾道弾ミサイル発射実験で発動された国連制裁や、盧武鉉《ノ・ムヒョン》政権からから二〇〇八年二月二五日から李明博《イ・ミョンバク》政権に変わることで、共和国との関係は最悪の状態になり、準備した機械は宙に浮いたままになりました。

コチュジャンは韓国側が設定したＩＱ品目によって、冷麺は韓国の共和国への敵視政策に

電力不足――韓国のエネルギー政策は日本の植民地支配のエネルギー統治を規定されたところからスタートした。一九四八年八月一五日の建国後の韓国は、日本の植民地支配体制が様々なかたちで残存したが、電力供給体制でも同様だった。「南農北工」のシフトで日本は朝鮮統治を進めた。つまり朝鮮半島の南側は食料供給庫として農業開発を進めることであり、北側は工業振興策を主軸においた。南北建国前の発電量は南側の三・九パーセントに対して北側は九六・一パーセントを占め電力量の偏在が著しかった（「朝鮮経済年報」一九四八年年）。さらに朝鮮戦争による破壊で南北政府とも水力、火力の発電所の多くの機能を失っていたが、韓国では戦争が始まってから二か月後の五〇年八月には以前の一五パーセントに落ちたという指摘もある。一九四八年五月一四日に北朝鮮側が電力送電を中断するまでは、電力体制は南北も「協調関係」を維持していたが、分断国家が建国される過程で、電源供給で大きなウェイトを占めた北側からの送電はストップした。

戦後復興では電力確保が要に――李承晩（イ・スンマン）政権は一九五三年一一月、政府関係省庁代表からなる電源開発委員会を組織し復興三か年計画を立て、戦争で破壊された発電所の復興を重点施策においた。ソウルの中心部を流れる漢江（ハンガン）の南北水系に既存の発電所の拡充、新建設など水力発電所拡充策を打ち出した。しかしアメリカは三〇〇〇万ドルを投入した火力発電所建設計画をたてており電源開発委員会の計画に反対した。アメリカが火力発電に固執したかは、火力発電の方が水力発電より早く工事を完成できることや、建設費が安いことなどが指摘されている（李光宰（イ・グアンジェ）『韓国電力業の起源「日本人たち」の電力業から「韓国人たち」の電力業へ』柘植書房新社、二〇一三年、二四五ページ）。この結果復興三か年計画は大幅な修整が図られ、水力中心の復興計画が変更された。韓国は朝鮮戦争中に休戦協定を前提にしてアメリカに要求したのは国家の安全保障と経済援助の提供に見出される。このことは「韓国政治経済の最も決定的な構造化要因」（ユン・スンジン、オウンジョン「韓国原子力発展政策の社会的構成：原子力技術の導入初期（一九五四‐一九六五年）を中心に」五〇ページ（『環境政策』第一四の一号））を招いた。つまり対米依存が戦後復興で構造化されたことを意味する。韓国の戦後復興の促進をはかったが、アメリカの資本導入を抜きにして考えられない。

よって、またもや大きな壁が立ちはだかろうとすることになったわけです。

冷麺は韓国での成功体験があるので、大丈夫だろうという読みがありました。いまは米朝関係の推移を見守るだけです。またBEODELE食品の元社長は冷麺をうまく作り期待しましたが、元社長も去りました。いまは機械だけが残り、冷麺を韓国国内向けに製造しています。彼は「冷麺作りはわたしの天職です。それがいま取り組めるのは、嬉しい」と言っていたものですから、大いに期待していましたが、情勢が許しませんでした。

現在、共和国の招待所で話をしてスムーズに契約が進んでから一五年近くになろうとしています。もう冷麺製造の機械は錆び付いているのではないでしょうか。

コチュジャンと同じくストップしたままです。

5　企業買収と増資

プルムウォンから増資の提案

韓国国内のトック、冷麺工場、韓国海苔工場がどうなっていたかです。

忠清北道《チュンチョンブクド》のトック、冷麺工場生産量が増えると、増資して生産ラインを増やす必要が出てきました。共同経営のプルムウォンから増資を持ちかけられました。プルムウォンはそのときすでに上場会社に成長していました。資金調達の実力を身につけていました。

わたしが掲げていた「徳山食品」は個人経営の事業体でしたから、個人が資金繰りに走りまわらねばなりませんでした。条件がまったく違っていたのです。

増資額は五〇億ウォンを提示されたわけですが、プルムウォン、徳山の増資額は五〇パーセントずつで二五億ウォン負担になります。これまでの収益で約一〇億ウォンの資金がありましたから、貸付金を友人などからかき集めたら可能だったと思います。まずは、アボジの長年の経験からくる手堅い選択を聞くことにしました。

アボジは一九八〇年代のバブルの時においしい話に一切応じなかった人です。もし不動産投資などの誘惑に乗っていたら徳山物産は姿を消していたかもしれません。

大阪・生野区の会社に帰りアボジに会うと、結論を出すのは早いものでした。

「これを機会に売却したほうがいい。経験を積んだし、成功もしたから、いい機会だ」

アボジの判断に従いました。アボジが発明したトックの自動包装機は韓国企業の手に移ったわけです。ただ、残念だとは思いません。韓国で日本と並ぶ安全、安心な食品レベルの向上をはたしたことは、誇りでもあるからです。

プルムウォンは増資して、「徳山食品」から買い受けてからも、同じ工場で生産中のトック、冷麺のパッケージに徳山食品の名前をいまも使っています。増資に応じなかったことで別会社が生産を担うことになったのですが、最初にトック、冷麺を生産した徳山食品の名前を大事に

韓国忠清北道で稼働したトック、冷麺工場はプルムウォンに売却したが、現在も「徳山食品」の石作りの石塔が建っている（石塔前に座る著者、2019 年 5 月 28 日に撮影）。

していただいていることは感謝しかありません。

最新式の韓国海苔工場で生産へ

韓国の事業でプルムウォンへの株売却と同じく大きな変化を体験したCJ(元第一製糖)によるM&A(企業買収)について述べることにします。あまりにも対照的な経験をしました。韓国海苔の事業に取り組むことで直面したことです。

韓国で経済的な大きな変動はIMF危機*でした。国家経済が破綻するほどの危機をむかえたのです。財閥でも倒産するところが出てきて、連鎖倒産で下請け企業もあおりを受けました。食品部門では過剰投資していた会社は危機に見舞われましたが、わたしのところは大きな影響を受けませんでした。

これまで(株)宇成《ウソン》から韓国海苔を購入して日本で販売してきましたが、共同経営になったのは、そのIMF危機が契機でした。二〇〇〇年のことです。(株)宇成がIMF危機のあおり

*IMF危機――国際金融体制アジアの通貨危機が波及して緊急融資を受けIMF管理下におかれた事態を示す。韓国は一九九七年一月からの企業倒産(韓宝鉄鋼や起亜自動車など)が相次ぎ、やがて株価とウォンの下落、対外債務の未払い事態を生んだ。IMFに五五〇億ドルの緊急融資を受けたが、この時、①経常収支の赤字をGNPの一パーセント以内に抑制する、②対外債務返却のため外国資本を導入する、③財閥の経営の透明性と借入金依存の経営体質の改善、④企業合理化のための従業員の整理「解雇制導入」が主要四項目であった。生産の落ち込みなどで九八年はマイナス成長となったが、国民生活への影響は甚大であり、失業者が増大、倒産企業が続出した。プラスに転じた経済成長などの回復がみられた九九年一二月一七日、金大中(キム・デジュン)大統領はIMF管理体制終結宣言を出した。

を受けて共同経営を求めてきたことにあります。

さらに、韓国海苔の輸入から韓国内に販売する契機になったのも、このＩＭＦ危機でした。

ここで韓*国海苔の日本への輸入制限について説明しておく必要があります。生産者枠を通じてしか販売できないことです。いまは需要者枠ができましたが、輸入量は限られていました。商社が勝手に輸入などできないのです。わたしのところは東北の生産者サンエイ海苔の枠を利用して輸入、販売しています。輸入元は徳山物産の名前ではありません。

そうした日本のＩＱ（アイキュー）品目（特定品目の輸入数量制限）である海苔にさらに輸入枠を広げて日本の市場を増やそうとしたのではありません。韓国海苔を韓国国内向けに製造するチャンスが来たのです。チャンスを与えてくれたのは会社を辞めていた鄭常務《チョン・サンム》でした。

鄭常務はプルムウォンへの株売却に反対して退社し、独立してトックの工場を新設していたのですが、うまくいかなかった。同じトック製造会社を作り、わたしに顔向けできるはずないのですが、一向にかまわないのか、投資話を持ってきたのです。人なつっこいというか、わたしを頼りにしているというか、そのどちらもあてはまるでしょう。

競売にかかった土地の情報を持ってきました。京畿道利川《キョンギドイチョン》市の土地でした。彼は不動産の専門家ですからそういう情報はよく知っていました。衣服関連の会社がＩＭＦ危機で倒産し八〇〇〇坪競売の情報を伝えたのです。

「ココリオッタ（鼻ひっかかる）」という韓国の表現があるのですが、釣り針が鼻に引っかかり、なかなかとれないように、何らかの利害関係があり抜けられない、という意味です。そういう思いが頭によぎりました。しかし、いろいろ聞いてみると、たしかに「いい話」でした。

途中の土地買収の過程とか、機械設備の導入など詳しい話は省きますが、八〇〇〇坪の土地を購入しました。さらに鄭常務がこの土地二〇〇〇坪を売って欲しい人がいるとの情報を持ってきたので、土地購入後、二〇〇〇坪を売却しました。新たな韓国海苔工場の建設を進めるうえでラッキーとしか言いようがありません。

韓国海苔工場は敷地面積六〇〇〇坪の規模になり、二〇〇四年に稼働しました。企業形態では韓国最大の食品企業CJシーフード（以下、CJ）とOEM（CJブランドで製造すること）での製造、販売をすることになりました。CJの子会社化でスタートしました。

二〇〇〇年共同代表になった（株）宇成工場のレベルではないのです。この忠清北道《チュンチョンブクド》の工場を売却して京畿道利川市の工場に統合することにしました。

最新式の機械導入を検討しました。千葉県の日本海苔の会社が最新設備を備えていることを知り見学に行きました。衛生設備も韓国海苔のパッキングも最新式で、これらに匹敵する機械を韓国で製作することになりました。

韓国海苔の日本への輸入——当初、海苔は輸入禁止だった。最初は塩蔵わかめ、ヒジキなど、輸入枠（IQ）を設定して輸入する時代だったが、その後、日韓の協定で海苔も一九九〇年度後半から徐々にIQ枠の制度で輸入が実現した。韓国海苔は乾し海苔、味付け海苔二種類で、商社枠、需要者枠があり、先着順で二〇〇〇年初め頃から開始した。需要者は両国の海苔協会に登録されている製造メーカーをさす。最初は韓国側の登録会社は一〇社以下だったが、毎年増えて現在は七〇社を超えている。味付け海苔は先着順に競争ができないためあまり利用していない。最近は味付け海苔のほとんどが先着順枠になる先着順は枠代と関税二五パーセント、需要者枠は更に海苔協会経費があるため価格競争ができない。このために味付け海苔は先着順になる。徳山物産は味付け海苔のみを輸入している。

問題は販売です。忠清北道の（株）宇成工場は、自社ブランドの生産で日本に輸出しただけですから、韓国内の販売は関係なかったわけです。京畿道利川市の工場はまったく規模が違うのです。

これまでの売り上げは何倍にも

韓国内で販売する量が大半を占め、どう販売を進めるかを考えないといけない。そこでプルムウォンと同じく販売を受け持ってくれる会社を探すことになり、それが韓国最大の食品メーカーＣＪのＯＥＭになったわけです。

最初は忠清北道《チュンチョンブクド》の（株）宇成《ウソン》工場の日本国内向け製造から、ＣＪのＯＥＭになったことで販売網は拡大し、大きく売り上げを伸ばしました。従業員は一五〇人（パート職を含む）にふくれあがりましたから、（株）宇成工場の何倍にもなっていました。

生産でのトラブルは幸いにも一切ありませんでした。トックはパッケージに微小な穴が空くとカビが生えました。韓国海苔は油と塩で味付けするのですが、油が酸化することがあります。また味付けの油がベタベタになることもあります。しかしそうした不良品を出すことはありませんでした。

資金運用では、わたしが韓国で得た収益を投入して新工場を建設してきましたが、韓国海苔の原材料費はＣＪと日本の徳山物産が、それぞれ負担したのです。

スタッフは揃いました。共同経営者の金基震《キム・キジン》社長は韓国海苔の専門家でしたから、韓国海苔の買い付けから工場の設備点検にいたるまで任せておいて心配はありませんでした。また生産拡大でプルムウォンにいた朴東鉄《パク・トンチョル》常務を入れました。ＱＣの専門家です。韓国食品の輸出入の専門家、現徳山物産顧問金雄洙《キム・ウンス》さんがソウル事務所の輸出専門の責任者として勤めていましたので、韓国海苔生産、販売（輸出）では充実していました。

高騰する原材料とパッケージ代

韓国海苔生産、販売は好調に推移しました。五年ほどすると、ＣＪは売却を提案してきました。プルムウォンの場合と異なるのは会社を売却して欲しいという要望でした。ＣＪが会社まるごとを買い取るという話でした。

ＣＪとの契約内容ですが、副材料費はわたしのところがすべて負担し、原材料は、ＣＪと徳山物産両者で支出することでスタートしました。

副材料とは韓国海苔をつつむパッケージのことです。韓国海苔の経費割合で、パッケージは三〇パーセントほど占めるので、負担は大きいわけです。これに人件費、電気代など加えると、忠清北道《チュンチョンブクド》の（株）宇成《ウソン》工場の比ではありませんでした。

当時の韓国のインフレ率は年率一〇パーセント近い上昇を記録していました。これにともない副材料のパッケージ代も上昇しました。ＣＪとの協議は半年に一回、パッケージ負担を支払ってくれるのですが、上昇分を負担しているわたしのところの負担は大きいのです。

原材料の高騰も圧迫しました。徳山物産も原材料を負担していましたから高騰は本社を圧迫することになりました。

原材料とは海苔原草と呼ぶものです。海苔原草の収穫は毎年一一月より翌年三月まで行いますが、価格が味付け海苔に一番多く影響します。ところが、その時期の価格変動が激しいのです。海苔原草は韓国全体の収穫量、販売予測、輸出予測、適正在庫により変動します。CJと九月に契約した価格は前年度の相場に基づいて価格設定されるのです。その年の年末に原草価格が安ければ問題ないですが、急騰すれば徳山物産は赤字に転落することにもなるのです。

この韓国海苔の包装パッケージ代と原草価格の高騰をどうCJがみてくれるかが命運を握っていたといえます。

CJのM&Aはどう進んだのか

売却の話が出たとき、わたしは「いい話だ。CJの要望を聞きましょう」と考えたのですが、CJの提示した売却価格に驚きました。常識の額ではありませんでした。

通常、企業買収のときは、その企業の資産内容を調べあげて、プレミアをつけて何倍もの売却額を出すものです。ヤフーが（株）ZOZOの買収では資産額の何倍もの売却額になったことはご存知でしょう。将来必要としているからであり、現在の資産額で売却を迫ることなどあり得ません。

わたしはCJの買収に応じませんでした。拒否しました。

するとどうでしょうか。半期ごとの副材料費支払いに関する会議では、「副材料費値上げ支払いは少し待ってください」と引き伸ばされました。また原材料の海苔原草の高騰に加えて徳山物産の財政にのしかかりました。

ＣＪは原材料費、副材料費などわかっていますから、こちらの財務内容をすべて把握していました。ですから、どれくらい現状維持できるかは予想できるわけです。

韓国では中小企業に金融機関が信用貸しなどしてくれません。ＣＪの提案に対して「体力的」に持ちこたえることができないのです。

プルムウォンとＣＪ

ここまで述べてきたプルムウォンの増資とＣＪへの売却をどう考えるかについて述べてみましょう。

プルムウォンの増資は徳山物産が応じなかったから、ほかの会社を探しました。現在、別の会社がトック、冷麺の生産を続けています。二〇一九年五月に工場を訪ねましたが、工場の敷地面積を拡大し、事業規模も大きくなっていました。

プルムウォンからの増資では、わたしのところが資金調達でもう少し余裕があり、アボジが賛成していたら、そのまま増資に応じていたかもしれません。

ですから企業の乗っ取りではなかったわけです。

では、ＣＪの場合はどうみたらいいのでしょうか。

韓国海苔が品質管理の面や経営的に着実に伸びているとみると、ＣＪが買収しても大丈夫と判断して売却額を示してきたわけです。ＣＪはこちらの財務内容はすべて把握していましたから、売却は時間の問題だとみていたでしょう。

韓国では中小企業に金融機関が信用貸しなどしてくれません。ＣＪに対して「体力的」に持ちこたえることができないのです。その後の交渉で売却額を引き上げることはできましたが、その額もＣＪにとり「想定内」であったと思います。

結局は経営から降りることを決断しました。売却したのは二〇一一年四月二六日のことです。日本では中小企業を育てる企業文化というものがありますが、韓国は財閥優先でした。中小企業を育てる企業文化はありませんでした。当時の李明博《イ・ミョンバク》政権は財閥優遇政策をとっていましたから、(株)宇成が買収されたM＆Aがよく行われました。

わたしはＣＪの企業買収には納得するはずありません。その手法が見え見えだからです。韓国こそ中小企業を育てることを経済政策の柱にすべきでしょう。

1985年—1987年

祈り　72.7×60.6cm　1986年

祈り（対話） 194×162cm 1987 年

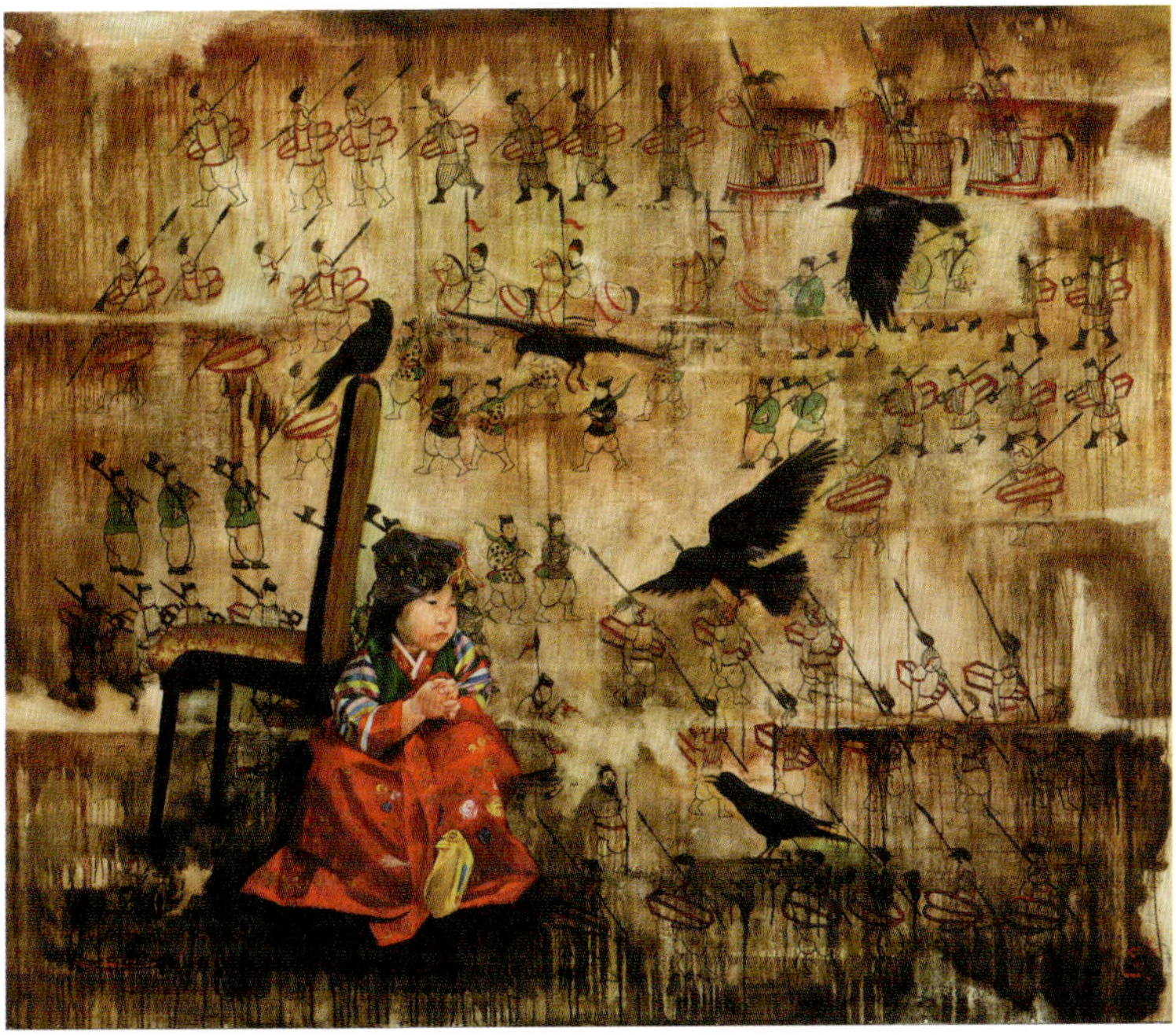

対立　227×181cm　1987 年

祈り　194×162cm　1985 年

平和　227.3×181.8cm　1985

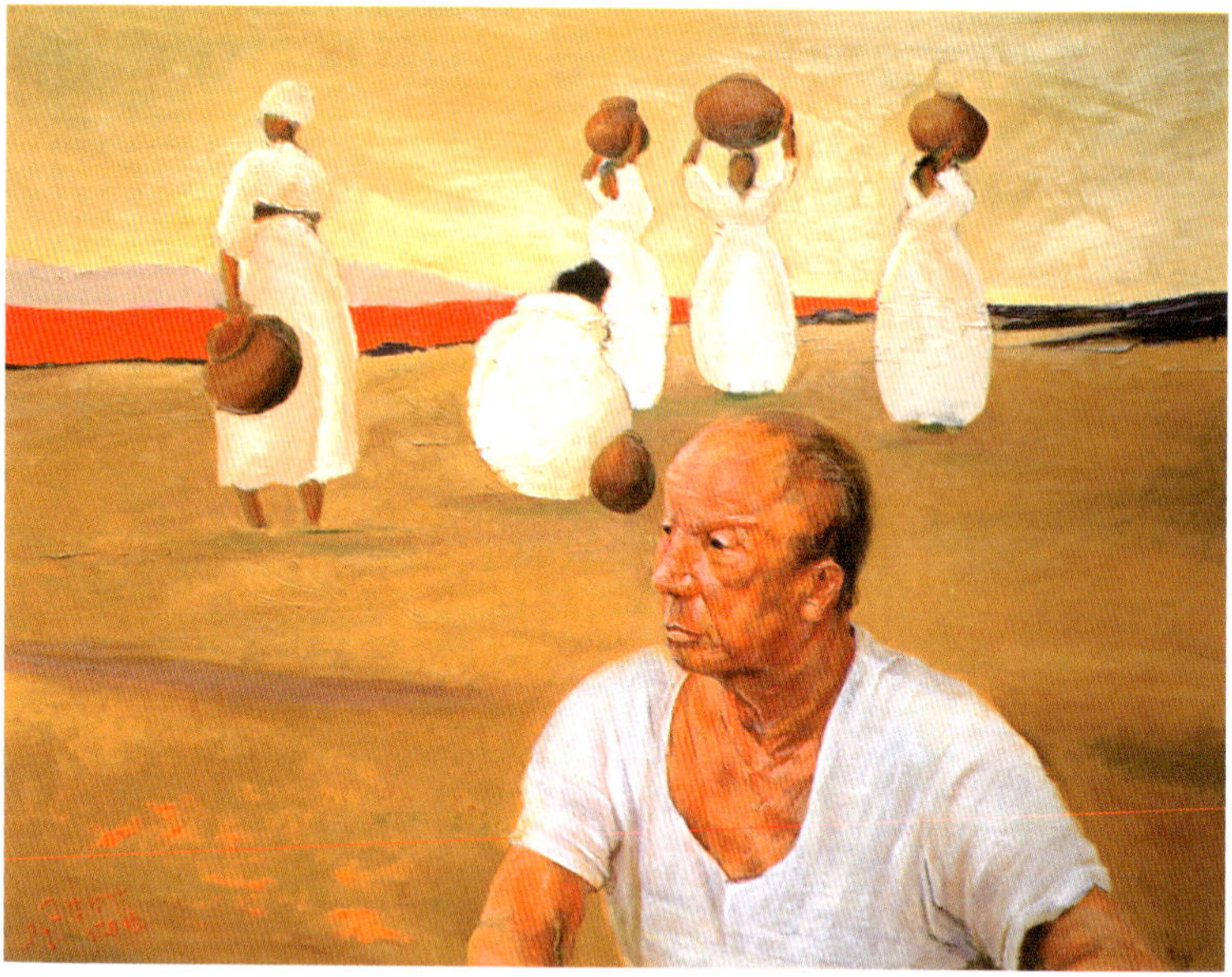

故郷への思い　116.7×91cm　1985 年

ふところ　227.3×181.8cm　1987 年

祈り　162×130cm×2　1987年

第五章

夢を追う

1　「在日美術館」実現への夢

「在日美術館」実現――「在日」画家たちの顕彰こそ必要

プルムウォンへの株の売却で得た収益の一部で、「在日美術館」の夢が膨《ふく》らみました。この話に入る前に在日朝鮮人、韓国人の美術活動について説明しておく必要があります。

わたしの場合から説明しますと、朝鮮大学美術科出身者の多くは文芸同で美術の活動をしましたが、団体での活動でしか発表ができませんでした。個展は個人英雄主義に結びつくからです。しかし、一九八〇年ごろから個人の技術向上のためには、団体での活動発表以外に個展、グループ展も必要だという考えに変わってきました。

先駆的な取り組みが金石出《キム・ソクチュル》さん主催の高麗《コリョ》美術会でした。一九八〇年に創設され、年に一回の作品展は軌道に乗りました。わたしは第一回作品展から出品して来ました。文芸同の活動家も加わっていました。

しかし、「在日」の画家、彫刻家は貧しかったこともあり、画廊で個展はできなかった時代が長く続きました。

在日朝鮮人作家に画廊を貸すことはほとんどありませんでしたし、公募展で出品する画家はほとんどいませんでした。出品しても「会友」止まりで、「会員」には推薦してくれませんでした。画壇というのは、有名な画家が審査して「会員」にするか「会友」にとどめるか決めたのですが、在日朝鮮人が当時本名で有名な団体に入っている人はほとんどいませんでした。

戦前から活動をしていた先輩は、解放（一九四五年八月一五日）後に本国に帰っても、韓国では軍事独裁政権で表現の自由はなく、共和国では音信が途絶えた画家もいました。しかし一方では、韓国、共和国では評価される人が出てきて、韓国の画壇の重鎮になっている画家も出てきました。

宋英玉先生の半生と作品

日本に残った作家は、本国から評価されるわけではないし、「在日」の作家を認める機運などほとんど起きませんでした。ここで述べる宋英玉《ソン・ヨンオク》先生は素晴らしい作品を生み出された画家でした。

済州島《チェジュド》から最初は猪飼野に来て、画家を志して大阪市立美術研究所で美術の基礎を学ばれた。戦前からの在日朝鮮人で済州島出身者は、だいたい猪飼野に来ます。済州島―大阪間で直行船「君が代丸」が就航していましたから。宋英玉先生もそうでした。

生活のこともあったのでしょうか。東京都荒川区に住まいを移しました。荒川区は「在日」同胞が多く、東京なら画業を支える仕事が多いだろうと移り住まれたのかもしれません。しかし、宋英玉先生が何か他の仕事をしていたことは聞いていません。

絵を描いても売れるはずありません。たいへん苦しい生活を送られたと思います。

宋英玉先生は一九五七年から一九九五年まで自由美術展に出品されていましたので、自由美術協会（一九三七年創立）のメンバーだったと思います。「明治」、「大正」時代に創立された美術団体は保守的な色合いが強いのですが、自由美術協会は革新的だったと言われています。加盟されたのはそんな自由な空気がある美術団体に活躍の場を求められたのだと思います。

あまりにも衝撃的な「片足がない犬」の絵が現れるまで、故郷の済州島の風物を描かれていました。

一九五八年の「漁師」（一一六・二×九一・二センチメートル）や一九六〇年の「女子品師」（六〇・六×七二・八センチメートル）、一九六一年作「廃船」（一一六・七×九〇・九センチメートル）、一九六二年「綱」（一一六・二×九一・二センチメートル）は、故郷の済州島の漁夫を彷彿とさせます。

ところが一九六〇年代後半から、作品は出口なしとも言える厳しい現実を写し出します。

一九六九年の「ベトナム」（一一六・二×九一・二センチメートル）、一九七〇年の「黒い雨」（一一六・二×九一・二センチメートル）、「屋上のドーム」（九〇×一一六・七センチメートル）、一九七三年の「壁」、「悲しき自画像」（一〇〇×七二・七センチメートル）、一九七四年には「絶叫」と題する作品を残していま す。妻の死を描いた「妻の永眠」（一一六・二×九一・二センチメートル）（五一×四〇センチメートル）は、悲しみの深さを表して余りあります。

著者２回目の個展となった大阪グランドギャラリーに訪れた宋英玉画伯（写真右、1993年）。宋英玉画伯とは東京都荒川区の自宅を訪問したりして教えを受けた。

犬に自らの存在を仮託した作品群は一九七九年に現れたようです。美術評論家織田達朗さんが一九七九年春の東京都美術館の作品展を紹介した文章があります。「戦前からの在日の一画人・宋英玉の全史が収斂した、不思議な一点『犬』に出会ったのである」（「宋英玉に《苦い光》と《光の苦さ》」）と書いていますから、一九七〇年代末には描かれたと考えられます。

織田さんの文章にもある「漁師」に始まる作品を紹介したのは、二〇〇〇年三月から六月まで韓国光州《クァンジュ》美術館で開かれた「宋英玉、曹良奎《チョ・ヤンギュ》、そしてそのほかの在日作家たち」の図録に載っている解説です。展示作品は四〇点で、「光州事件」の作品も展示されました。

犬の絵は三本足で衝撃的ですが、片足を奪われない様々な犬の作品にしても、いずれも痩せこけてアバラ骨が目に飛び込んできます。鋭い眼光と頬にまで切り込んだ口はいまにも襲いかかりそうです。在日朝鮮人がおかれた厳しい生活状況を描いたものです。

在日朝鮮人の現実を象徴的に形象化した犬の絵（作品群）は、生前どれだけ評価されたでしょうか。

一九九九年に亡くなられるのですが、韓国光州美術館で開かれた「宋英玉、曹良奎、そしてそのほかの在日作家たち」の一二年前、一九八八年のソウルオリンピックを記念して開かれたロッテミュージアムの美術展でも出品しています。

評価は光州美術館の企画展での作品群ではなかったのでしょうか。亡くなられて二年後でした。

東京・荒川区の自宅に尹凡牟《ユン・ボムモ》先生といっしょに訪ねたことがあります。亡くなられる何年か前の冬でした。文化住宅の一角に一人で住まれており、サモニム（妻）は亡くなられて、子どもたちは独立されていました。

わたしたちの訪問を喜ばれ、掘り炬燵《こたつ》を囲み、ワンカップの日本酒を呑んだ記憶はありありと蘇ります。

大作がないのは、狭い家をアトリエも兼ねておられたから大きな作品は描けなかったからです。作品のいくつかを紹介しましたが、大きいのでも四〇号もありません。しかし、作品の生命力は巨大さとは関係ありません。

尹凡牟先生は宋英玉先生の絵を高く評価されていたのですが、日本でも韓国でも無視され、生活も苦しい状況に、「わたしたちが在日の画家を評価して来なかった。本当に申し訳ない」と感想を漏らされました。尹凡牟先生が「この作品の迫力はすごい」と衝撃を受けたのは、曹良奎先生の絵だと聞きました。わたしらは偉大な先輩を拝しているのです。

宋英玉先生はアボジの隣村の出身でしたから、「釣りでもしてゆっくりしたい」とよく話しておられましたが、それもかなうことはありませんでした。

「在日美術館」の最適の地と出合う

一九九三年にシルクロードにスケッチ旅行に行った朴大成《パクテソン》画伯がソウル市の自宅から故郷である大邱《テグ》に移る話を聞いていたので、可能であればそこをわたしの絵画作品を保管したりする場所にも使いたいと考えていました。

朴大成画伯は個人展を何度も重ね、中央美術大展で大賞を受賞したりして（一九七九年）、現在では風物を描く大家として有名な方です。

朴大成画伯のソウルのアトリエを見に行こうとしていた時に、鄭常務《チョン・サンム》がソウルの事務所に現れたのです。二〇〇二年のことです。(株)宇成《ウソン》の経営でわたしが常に韓国に滞在できないので、彼に専務職を任せていました。

彼は不動産業が元々の仕事です。いろんな情報をどこかでつかんでくるんです。

「朴大成画伯の家はソウル市内から遠い。いい物件はそこより二倍広い。光化門《カンファムン》から車に乗って一〇分で行ける」

彼がつかんだ情報は、天然染色で最近マスコミにも登場していた美術館のことでした。天然染色で衣服や調度品を染めて売り出そうとしていました。

場所は軍事専用地域で住宅地では建設許可が取れないのですが、美術館などの文化施設は大丈夫でした。青瓦台《チョンワデ》の西側の山道を一〇分ほど上がると、鬱蒼《うっそう》とした木立に突然鉄筋二階建ての建物が現れ、その場所だけが異空間のように見えました。広い緑の庭に白い建物。あとで知りましたが、敷地全体で六〇〇坪はありました。

すでに美術館の女性のオーナーはソウル市内のホテルでファッションショーをしたようで、鄭常務は一般の参加者として天然染色で手染めをした韓服をきてステージに上がったというのです。

わたしは天然染色についてはほとんど興味がなく、ただ鄭常務の話を聞くだけでした。不動産の専門家でもありましたから、土地情報は信用していました。

さらに聞くと、美術館の披露パーティでファッションショーをするから、「ホン社長、来てください」と言うのです。わたしは忙しいから行けないと言うと、「これは行かないと。すごいイベントですよ」と勧めました。

ファッションショーは二週間後と迫っていました。妻と長女が訪韓して参加しました。夜間にライティングで浮かび上がった庭園で、パンソリなどの国楽あり、演劇あり幻想的な演出が展開されたようでした。演目も韓紙《ハンシ》で書かれ、有名女優も顔を見せていました。国民的女優とも形容される方でした。当日の感動を妻、娘が伝えたので、「ほう、そう」と感心するだけでした。

それから話が進み美術館の館長に会いました。小柄な女性で、地方から出てきた素朴な感じの方でした。

美術館の土地譲渡の話をしました。日本にもファンがいるということで、京都の伝統織物の老舗も紹介されました。わたしは「すごいなあ」とその人脈に感心したものです。

その後の交渉はぶきますが、土地譲渡の売買契約を彼女と結びました。わたしの所有になったのです。彼女が事務所に借りたいというので、ウォルセ（月払いの家賃）の契約もしました。

さらにその女性が「さらに事業を展開したい」と勧めたこともあり株式投資もしました。

新たな展開では、わたしが持っていた大阪・南船場の画廊を拠点にして天然染色を広める場にしたいというわけです。彼女はわたしが持っている大阪の南船場のビルを借りました。天然染色を何とか日本で広めたいということでした。婚姻関係のある男性と行動をともにしていました。

一年半ほど借りて懸命に事業展開をしたのですが作品が売れませんでした。

残念だったと思います。彼女は韓国で捲土重来《けんどじゅうらい》を期したということで、韓国に帰ることになったんですが、全羅南道南原《チョルラナムドナモン》に廃校があり、わたしは「彼女はそこで天然染色の作品を深めたいのだ」と思いました。彼女の復活を期待しました。

原因無効訴訟で訴えられて

ところがしばらくして訴状が送られてきたのです。

原因無効訴訟（原因無効による所有権移転登記の抹消）という訴訟で、不動産所有の移転手続きを無効とする訴えでした。

鄭常務《チョン・サンム》が紹介した司法書士事務所で、彼女と行動をともにしていた男性と彼女も同席して土地譲渡の契約をしており、彼女に無断で売買契約をしたことなどあり得ません。訴えが出たことに、「はぁ、なんのことや。被告になんでならんといかんのですか」。

ビックリしました。

裁判では、一審（二〇〇四年一二月二日）、二審（二〇〇六年九月一二日）とも訴えられた被告側のわたしの勝利で、原告は大法院まで上告しましたが、二〇〇六年一二月二九日に原告側の訴えは却下されました。

土地の譲渡の契約手続きに問題はなく、原因無効訴訟そのものが成立しなかった（却下）のは当然でした。

一審の判決文の事実関係を示す一文を示すと以下のとおりになります。

「原告は、二〇〇二年一月一八日に岩洞《アムドン》役場で不動産を購入する被告［洪性翊《ホン・ソンイク》］と売り渡しの印鑑証明書の発給を受けて、Aと事務室を訪ねて法務士事務所所属の事務長Bに上記のように発行を受けた印鑑証明書とともに自分の印鑑を交付し、これにB事務長は、原告の立会いのもと、売主の原告、買主の被告、売買目的物のこの事件の第一土地と建物、売買代金九億六〇〇〇万ウォンで、各記載された登記申請用売買契約書（以下「この事件登記用売買契約書」という。）に原告の印鑑を捺印また（ただし、上記売買契約書は、土地取引許可日の二〇〇二年一月一四日にさかのぼり作成された）」。

　A、Bは判決文では特定の人物名、［　］は補足しています。原告が知らない間に不動産売買契約が進んだのではないのです（引用の判決文のまま翻訳しており、文中の（　）はそのまま転載しています）。

　いよいよ「在日美術館」の夢に向かって動き出すことになるのですが、大法院の決定が出て、気分もスッキリしたので、紅葉の時期に社員旅行で二〇人ほどで訪ねました。

　ところが、知らない女性が勝手に出入りしていました。その女性が話したことは驚くべきことでした。

「喫茶店を開くつもりで準備しています」

「何を言っているのか。これはわたしの所有する建物ですよ」

　と言うと、これがまた驚きの返事でした。

「初耳です」

　彼女のオーナーは裁判でも登場した男性でした。

　それからが大変です。この土地を紹介してくれた鄭常務《チョン・サンム》に電話をしました。

「鄭さん、どういうことか。裁判で解決したのに、喫茶店を開くと話している」

彼は何も知らなかったようです。パニック状態でした。

建物から出て行くのに三年の歳月を要しました。一度無関係の人が住み着くと、なかなか退去を迫れなかったのです。

居座った男性が建物から簡単に退去しませんでした。裁判もしました。様々な経過ははぶきますが、本当に嫌になりました。もうこの土地はこりごりという気持ちになったからです。

鄭常務も相当精神的にまいっていて、「もうこんなことを続けていても仕方がないので、社長が持っている土地を売ったらどうですか」とアドバイスしてきました。解決を急ぎたかったのでしょう。

土地、建物を手放すことになりました。苦労して手に入れた土地、建物です。仕方ありません。

最終的に土地代金が振り込まれてきたのが、二〇一九年五月のことです。話は二〇〇二年から動き出し、すべての案件が解決するのに何年もかかったのだと思います。一七年かかりました。

ただ、「在日美術館」の夢は絶たれたのではありません。美術館を建てるのは一個人でできる金額ではありません。どうすればいいのか。

「在日」画家の作品が保管される場所がないのです。行方不明の作品も多いのです。なくなって廃棄される作品もあります。これではいけない。

画家の作品は亡くなってから評価されることも多いのです。それが廃棄されたり、どこかわからなくなっていいはずはないでしょう。保管場所が確定し、定期展も開けるようになれば、「在日」画家にとっても励みになるでしょう。

友人と相談して、なんとか前に進めたいと思います。

鄭常務の死

この一七年間はわたしにとっても苦行でした。最初に話を持ってきた鄭常務にとってもそうでした。責任を感じて体調にも影響を受けたようです。

三年前に顔を見せたのですが、「肝臓ガンです」と言ったのですが、その場にいた輸入品担当責任者金雄洙《キム・ウンス》部長とわたしは、「また冗談だろう」と軽く見ていました。冗談ばかり飛ばしていた人でしたし、別に痩せているわけではないし、病気だとは思いませんでした。

しかし、肝臓ガンは本当でした。早期発見ではなかったようです。療養生活を一年ほど送り、六五歳で他界しました。

お好み焼き店を大邱《テグ》で開いたときからいっしょに仕事をしてきた鄭常務《チョン・サンム》。人がいいから、疑うことなくうまい話に乗って、だまされることがありました。また会社を去ったこともありましたが、また戻ってきたのは、わたしを頼りにしていたからです。

彼が勧めた不動産には難渋しました。鄭常務は長年にわたり解決の道筋が見えないことに、相当責任を感じていたのでしょう。ストレスがたまっていたのでしょう。

忠清北道清州市《チュンチョンプクドチョンジュ》にある墓で永遠の眠りについています。まだ墓参りにも行っていません。近く行かねばならないと思っています。

2　一部上場の夢に向かって

阪神・淡路大震災のトック炊き出しからコープこうべと出合う

個人商店と会社組織での経営との違いは、単に商品を売るだけではなく、製造課程で何が大事か、ＱＣ（クオリティ・コントロール）の重要性がわかってきたことです。この重要性が一部上場の夢を追うことにもなるのです。

ＱＣの重要性を痛感したのが、一九九五年後半からコープこうべで単品で販売するのではなく、韓国食品のコーナーを特設していただいたことにあります。

一九九五年一月一七日、阪神・淡路大震災がおきた時は、韓国ソウルでニュースを聞きました。たまたまその日が大阪に帰る日でした。

関西国際空港について、すぐに会社に戻り、支援物資としてトックの炊き出しを指示しました。朝鮮総聯からも韓国民団支部からもトック提供の要請がありました。神戸や尼崎の朝鮮学校の校庭などでトックの炊き出しをしました。

冬の寒い日が続きましたから、被災者には好評でした。「体が温まる」「こんな食べ物知らなかった」との感想を寄せて、コープこうべへ「炊き出しの餅が美味しかった。コープで買えないか」と要望が相次いだのです。

コープこうべが徳山物産のトックについて調査をし、何か月かして店頭で並ぶことが決まりました。

わたしはパック詰めのトックがコープこうべの韓国食品コーナーに並ぶと同時に、担当者と店舗をまわることで食品の安心、安全、簡便がいかに大事かを学びました。もし食品の安全性に関わって問題になると、消費者に被害を与えることになるわけです。徹底した調査をしている姿は、本当に勉強になりました。

コープこうべの話は、日本製粉の門脇さんが以前から「徳山のトックをコープこうべに入れたらどうか」という誘いを受けていたときでもありました。日本製粉とはトックの原材料の上質米の関係で知り合った方でした。

韓国食品コーナーはコープこうべだけにとどまりませんでした。ほかのスーパーにも特設コーナーが設けられ、業績拡大が一気に進みました。日本で製造する食品は「キムチの壺」の商品登録で出してきましたが、韓国から輸入した製品では済州島で栽培したユズの木を約五〇〇本植えて製造したユズ茶、韓国京畿《キョンギ》道にあるＪＫフーズからの韓国海苔などがあり、日本に逆輸入し売り上げを伸ばしてきました。

売り上げが伸びたのは、コープこうべで韓国食品コーナーが誕生してからです。

一部上場の夢への準備に入る

わたしが社長に就任してからは、店頭株式公開、つまり一部上場を視野に入れられるようになりました。韓国食品を製造、販売する人間には夢でもあり実現せねばならない課題だと思うのです。

「朝鮮人はキムチを食べているからニンニク臭い」とか、わたしたちの食自体が差別の象徴であったわけです。それが日本で認知されたと言えるのが、店頭公開をはたしたときです。喜んで食べていただけるようになったあかしでもあります。

上場の準備体制は整っていました。日本商工リサーチから毎日のように資料要請が来て、パスしてきたことです。大手会社との新規の取り引きでは、韓国食材を扱うことがなかったから、「徳山物産は取り引きして大丈夫なのか」と調べるわけです。どこがリサーチを依頼するかは言明してくれませんでしたが、その調査で「大丈夫だ」ということになると、イオン、サティなどで商品を卸すことになったのです。

コープこうべから始まった韓国食品を常設する動きは、日本を代表するするスーパーに広がっていったのです。

上場の準備にあたり会社の財政状況を把握するために新日本監査法人から公認会計士三人に来てもらうことにしました。内部監査などを始めました。徳山物産が上場にあたり経理上問題がないのかを調べてもらい、大阪証券取引所などに監査基準内容を示したものを申請するわけです。

ユズ畑で父洪呂杓と（済州島旧左面杏源里で）。「班家名品」の一つとしてユズ茶を製造している（2007年撮影）。

上場申請は自分でするわけです。経営の根本にかかわることですので、数字の点検の毎日です。

二〇世紀末の一九九八年、一九九九年には、売り上げはすでに五〇億円を超えていました。

ただ、アメリカは二〇〇八年九月のリーマンショックのあとに会計監査法を変えて、日本の会計監査法も改正されたのです。新たな会計監査法によれば、監査基準が厳しくなり、経費だけでも年間三〇〇〇万円ほど必要になりました。

経費がこれだけかかるのですから、年商五〇億では足りないと考えて、一〇〇億目標に引き上げました。

上場の条件でクリアーしないと

いけないのは、まず資金調達です。上場して公募することで資金を集めることです。徳山物産は韓国食品ブームで時流に乗り問題はありませんでした。

取り引きするには会社の会計内容を把握するため日本商工リサーチが調査しました。

売り上げは毎年右肩あがりで伸びてきました。一億から始めて、二億、五億と伸びてきました。ですから、わたしが社長就任した一九九八年には一部上場を目標にあげるまでになっていたのです。

「安心、安全、簡便」のコンセプトを掲げました。この三つのコンセプトがヒットしました。うちの営業マンがスーツで正装して会社訪問したのは、韓国食品への偏見があったからです。「辛いだけで、衛生的にどうなんや」という不安を払拭する必要がありました。営業マンの服装にも気を遣いました。

こうした日々の積み重ねから、「この会社はしっかりしているな」という印象を与えてきたのと、会計上も問題ありませんでした。

こんなことも経験しました。コープこうべでは商品を共同購入するのですが、もし商品が足らず欠品にでもなれば、その会社は取り引き中止になります。もし海苔が一箱足らないと、飛行機に乗って韓国まで取りに行きました。そこまでしないとだめなんです。

コチュジャンに食品添加物ポリソルベートが含まれ食品衛生法違反に

二〇〇二年が日韓共催のワールドカップです。さらに売り上げ増加が見込まれました。

そこでテレビコマーシャルも打つようになりました。

韓国食品を輸入してきたなかで、コチュジャンは日本で一番早く店に並んだ韓国食品です。小型の瓶に入れたコチュジャンが飛ぶように売れました。

ところが、食品添加物で法定外のポリソルベートがコチュジャンに入っていたのです。二〇〇二年五月三一日のことです。これが日韓ワールドカップ（二〇〇二年FIFAワールドカップ）開会式の日でした。よりにもよってなぜこの日に明るみになったのか、偶然にしても、あまりにも偶然です。

日韓友好で盛りあがり、スーパーにはそれを当て込んで韓国食品の特売で新聞の折り込みチラシにまでして販売しようとしていた矢先でした。

「神奈川県が韓国から輸入した瓶詰『大阪鶴橋班家コチュジャン』（唐辛子味噌《みそ》、一〇〇グラム）から、食品衛生法で認められていない食品添加物ポリソルベートが検出されたと発表した。販売を禁じ、大阪市に通報した」（『毎日新聞』二〇〇二年五月三一日）と報道されたのですが、マスコミの取材はひどいもんです。ドカドカと会社に入ってきて、こう質問するんです。

「消費者に健康被害が出たらどうするのですか」

「殺すつもりですか」

ひどい質問を浴びせかけられました。

神奈川県衛生部が小田原市内のスーパーで抜き取り検査して、一キロ当たり〇・三九グラムのポリソルベートを検出したというのが摘発事実です。

ポリソルベートとは、水と油の混合を助ける添加物のことです。米国やカナダ、韓国では使用が認められていました。わたしのところのコチュジャンは、韓国から輸入した製品です。「大丈夫だ」と判断してこれまで問題なくきました。

ＷＨＯ（世界保健機関）の見解は「ポリソルベートは安全性に問題はない」としていました。摘発した神奈川県衛生部は「直ちに健康に影響があるわけではないが、食べずに返品してほしい」（『毎日新聞』）と報じました。

食品衛生法違反は事実ですから、当然、即刻回収しなくてはなりません。すぐに回収に入りました。

くどいようですが、なぜ日韓ワールドカップ開催日に摘発をぶつけてくるのか。違反していたのですから、文句など言える立場ではありませんが。

徳山物産は韓国食品のイメージを変えることを会社の大きな柱にしてきました。クオリティーのＣ、コンビニエンスのＣ、セーフティーのＳ、「ＣＣＳ」で韓国食品のイメージを大きく変えてきたのです。それが、このポリソルベート事件で「Ｓ」の部分が大きく傷付きました。

一部上場まですぐ手が届く段階まで来ていたのに、この事件でコチュジャンの回収の損失に加えて、ほかの食品の売り上げもガタ落ちとなりました。五〇億を超えていた売り上げが普段の三分の一にまで落ち込みました。

それから回復するのは大変でした。わたしが経験した第二の倒産の危機でした。

しかし、「徳山さんの製品は大丈夫や。わたしのレストランでは使うよ」とか、「こんなときやから、徳山さんのキムチやチャンジャをとりまっせ」という居酒屋などの応援がありました。そうした支援で年商三〇億台に一年ほどかけて回復しました。韓国のコチュジャン会社とは、この事件で取り引きを止めました。しかし、一部上場の夢はこの事件で吹っ飛びました。

上場でメリットはなくなってきたことも、再チャレンジに気が乗りませんでした。会計監査法で監査基準が厳しくなって、監査法人に支払う額を年間三〇〇〇万円払っていいのかという疑問でした。

テレビコマーシャルは上場のために流していたのですが、上場の夢が絶たれたことで、コマーシャルは中止しました。

しかし、その後も利益が上がってきたので、コマーシャルを再登場させました。韓《ハン》流ブームで韓国食材が注目を集め始めてきたのですが、「少し待ってほしい」とのメッセージを込めることにしたのです。

韓国食材が注目されるのは、前段で「在日」の歴史があるんです。このことを忘れてもらってはいけないと考えました。テレビコマーシャルのメッセージは、「ええことばかりではなかったけど」ということばを入れました。「ええことばかりではない」というのは、戦後たどってきた「在日」の歴史を凝縮したフレーズです。「在日」がこの大阪でがんばってきたことを訴えました。

上場を目指してコマーシャルを流したのとは、まったくコンセプトが違います。

近鉄鶴橋駅奈良線側ホームに、「在日」の歴史を表した看板を掲げました。二〇〇八年のこと徳山物産の原点となった一九四八年から半世紀たつこともあり、わたしたちのメッセージを込めました。看板の文言はこうです。

この街が、
わたしたちの
原点です。

活気に満ちあふれた
大阪・鶴橋で半世紀以上。
わたしたち徳山物産は
この街から
あんしん、あんぜん、
ほんまもんの韓国の味を
日本全国の食卓に
お届けして来ました。
これまでも、これからも。
わたしたちは韓国食材の

パイオニアとして
本場のおいしさを
発信し続けます。

いま日本国内では、キムチやチャンジャなどの製造は生野区新今里の工場に加えて、群馬県太田市内にマルシゲ食品を設立して製造しています。系列会社ではキムチ作りは滋賀県朽木に工場を設けキムチやチャンジャなどの製造をしています。

会社は長男洪棟基《ホン・トンギ》が社長として受け継ぎ、経営努力を重ねています。

関西韓国食品文化協会の設立

余談になりましたが、二〇〇九年、李明博《イ・ミョンバク》政権のときに「韓国食品の世界化に尽力してくれ」との依頼を受けたことがあります。韓国食品文化協会（以下、韓食文化協会）が政府の肝いりで動き始めたのですが、一九八〇年代半ばにすでに韓国料理の認知度をあげるため、塩野さん、松山さん、小川さんらと「ミレ（未来）の会」を立ちあげ、韓国食文化を広げることはやってきていました。「日本料理、中華料理、西洋料理分けはあるが、韓国料理がない。韓国料理は料理として確立していきたいものだ」というのが、設立当初の主張でした。韓国料理のレシピを増やすため、訪韓して本場の料理、食材について学んできました。日本では焼肉、冷麺、ビビンバくらいしかない時代です。トック、冷麺の完全自動包装を韓国に導入したのも徳山物産でしたから、「徳山」の名前は韓国でもよく知られていました。そこで韓食文化協会設立に動くメンバーの依頼を受けたこともあり、わたしが韓国食品文化協会準備委員会長に推されたわけです。韓国食品文化協会の文書のなかで「焼肉を通して韓国食文化の認知、向上に在日が大きく寄与した」という趣旨の一文が明記されていると思います。同胞たちが苦しい生活のなかで、生活の手段としてホルモン料理から始めて、さらに焼肉へと韓国の食文化を広めてきました。この同胞たちが貢献した一文を入れてくれれば準備委員会の委員長に就任しようということで受諾したのです。最終的に会長（関西韓国食品文化協会）に就任しましたが、同胞の苦労の積み重ねで韓国の食文化が日本で広がってきたことは誇りとしていいと思います。

3 「祈り」から「生きる」へ

わたしは何なのか

これまでロッテミュージアムでの個展以後の画家としての活動について述べてきませんでしたが、画家と徳山食品の経営者という異なった二つの領域で駆け抜けることを止めませんでした。

美術研究への思いから〈韓国で美術史を学びたい〉と大学院進学も考えました。新村《シルチョン》近くには大学が集中していましたから、条件的には最適な場所でした。

韓国の美術研究でレベルが高かった〈公益《ホンイク》大学大学院で美術史を学ぼう〉と、韓国の友人に持ちかけたこともあります。わたしが大学で学んだのは朝鮮大学師範教育学部の二年間の短期でしたし、共和国の美術は少しだけ学びましたが、韓国の美術についてはほとんど知りませんでした。体系的にも学びたかった。

ところが友人の画家黄泰殊《ファン・テス》さんに「いまさら大学で学んでどうする。中途半端になる」と忠告を受けました。結局、大学院の進学は諦めました。黄泰殊さんは「在日」の画家金石出《キム・ソクチュル》さんが中心となった美術団体「高麗美術会」の大阪の作品展にも韓国から出品していた人です。

「在日」作家として「祈り」をテーマにして連作を生んだのですが、韓国に住むことで、この「祈り」のテーマでは描けなくなりました。祖国に帰れない、入れない存在だった「在日」だったからこそ、祈ることで分断した祖国に思いをめぐらしたのですが、韓国に住み始めて価値観が違ってきました。

分断されたもう一つの国家である韓国に入れるなどとは思ってもいないことでした。韓国に行ける日が訪れることは、イコール統一と思っていました。〈それはオーバーな表現だ〉と受け止められるかもしれませんが、それだけ韓国は遠い国だったのです。

朝鮮学校を出て共和国にウエートがあるのではないかと思われますが、わたしにとって双方とも祖国である以上、朝鮮半島の外から二つの国を見ることは、「在日」だからできることでした。

ただ、朝鮮学校で大学まで教育を受けてきて、南の祖国韓国に対してバイアスのかかった見方があったことは事実です。

のちに述べることになる韓国で絵を描くことをやめることになった一つの原因はそのあたりの思い違いがあったと思います。

しかし、それでも「在日」だからこそ二つの国を祖国としてとらえることができたのではないでしょうか。

南北いずれかに住み生活する人間は、南北いずれかに足を降ろしています。「在日」で精神的形成をしてきた人間とはやはり差があります。南北いずれにも属していないのですから、広がる世界があるのです。

テーマ「生きる」

一九九〇年にはソウルの国立美術館で開かれた「大韓民国　国展（KOREA）」に出品、九三年にはDMZ展、KOREA統一美術展、DONGHA美術館、一九九五年四月一〇日から二二日までの一三日間、東京の紀伊国屋画廊で開催しました。

本当に矢継ぎ早ともいうほど個展と合同展に出品してきました。作品が変化したと言われますが、一九九三年に東亜ギャラリーに出品した作品について、のちほど話したいと思います。

朝鮮大学で学んだのは、人間社会の内面性を描くことでした。韓国でも方法論は変わりありません。ですから社会の内面まで描くことができるのは、少しオーバーに言うと、韓国人になることで近づけると考えたのだと思います。

しかし、猪飼野で生まれ育ってきたわたしが、韓国で生まれ育った韓国人になれるわけがありません。

当然、絵画のテーマも変わってきました。「在日」が韓国で生きるとはどういうことかを突き詰めて行くことにもなったと思います。

韓国という矛盾の坩堝にあって、これまでたどりついた「祈り」というテーマは、背後に退かざるを得なくなりました。わたしに突きつけられたのは、韓国で「どう生きるか」という現実生活から突きあげてくる切迫したものでした。

一九八九年から韓国に住み直面したのは、この「生きる」というテーマに集約されてきたといえます。

このテーマは、わたしの一番底にある部分です。朝鮮市場で育ち、親が朝から晩まで働いている姿を見てきました。近所のアジュマ（おばさん）、ハルモニもそうです。懸命に働いていました。人間の根底にある「生きる」ことにふれてきたというか、「生きる」姿はどこにいても変わらないし、わたしも韓国社会で生活するようになり、観念的な想像の世界ではない「生きる」ことの力強さと、様々な場面で出会っていくことになったのです。

尹凡牟《ユン・ボムモ》先生からお誘いを受けて、二回も長期のスケッチ旅行に出かけましたが、その旅が、その「生きる」テーマと直面するチャンスにもなりました。

一九九二年夏のシルクロード、ガンダーラ、インドの旅は、東亜ギャラリーが支援して実現しましたが、若輩のわたしの参加が許されたのは、幸運としか言いようがありません。さらに一九九二年冬の中東、地中海の旅も企画され、韓国の名だたる画家一三人とともに、またもやわたしが仲間に加えていただいたのです。

尹凡牟先生に、「また、本当に行かしていただけるのですか」と恐縮して言ったことをよく覚えています。先生がわたしの作品を評価されたことよりも、〈洪性翊《ホンソンイク》を育てたい〉と願われたのでしょうか。

しかし、この二つの旅こそ、わたしが絵画のテーマ、「生きる」を深めることにもなったと思っています。

シルクロードの旅

一九九二年夏の旅は、林玉相《イ・モクサン》さん、朴大成《パク・テソン》さん、閔晶基《ミン・ジョンギ》さん、尹凡牟《ユン・ボムモ》先生、わたしの五人でした。上海から飛行機でウルムチまで飛んで、ウルムチからタクラマカン砂漠を車で一周しました。一日一五時間くらいは走ったと思います。ホータン、クーチャン、カシュガルを通り、次にカイバル峠を越えられなかったので、上海に戻りました。

それからパキスタンのガンダーラ地方に入り、このあとカシミールに。いまは印パの紛争で入れないところです。パミル高原からパキスタンをへてインドに入りました。玄蔵三蔵がインドから経典を持って長安までたどった道を逆コースでたどる旅でした。

天山山脈山頂近くに住むタジク族の子どもたち（上）と、中国新疆ウイグル自治区カシュガル族の古老（1992年夏に訪れたシルクロードの旅で、著者撮影）。

ヒマラヤのラダックにも行きましたが、過酷な条件のなかで人が生きている力強さにふれました。〈こんな厳しい自然環境でも人は生きぬき、独自の文化を生み守っている〉と、新たなカルチャーショックをこの旅で経験しました。

「生きる」というテーマが旅先での出会いを重ねることで深まって行きました。

このシルクロードの旅は前段があります。尹凡牟先生が一九八八年八月から一一月までの三か月間、中国大陸を回られたことです。しかし、「回る」という表現はやさしすぎる。先生の紀行写真集『中国大陸の息吹　白頭山《ペクトサン》・シルクロード・チベット』（図書出版　カナアート、一九八九年）にある「中国大陸を縦横無尽に走った」という表現は、その中身をよく表しています。

韓国と中国はまだ国交を結んでいない時代です。よくまあ三か月間も中国大陸を踏破できたものだと思います。「中国大陸はあまりにも広大だ。走っても走っても終わりが見えない。」とも書かれています。

尹凡牟先生が経験された旅を将来の美術界を担う若者にもチャンスを与えようと、一九九二年の旅を企画された。一九八八年の旅があったからこそ、一九九二年の旅を企画されたのでしょう。

前掲紀行写真集にこう書かれています。

「一九八八年八月から一一月までの三か月間は私の人生の重要な部分として残る。それは一つの転換点でもあった。白頭山から本格的に始まった旅は、西域のウルムチに飛んで、陸路でシルクロードを走破した。敦煌や西安などは本だけで勉強していた東洋美術史の現場を満喫した。乗用車で踏破したシルクロードの道を終えて上海までつながり、そしてチベットに行った。チベットでの感動は一生忘れられないだろう。」

さらに、「中国は無限のキャンパスだ」とも書かれています。

写真を撮影して一冊の本にまとめられた本には写真論*も展開されています。その追求が絵画*の再発見に結びついたのだと思います。

子どもたちの瞳の輝き

一九九二年夏の旅は東亜ギャラリーの支援で実現しました。先に旅の概要を書きましたが、思い出しながらその旅を記しますと、第一にあげたいのは、以下のことばです。「（五人のメンバー）すべてが個性あふれながらも、団体行動の味を満喫させた。」（画集『シルクロード美術紀行展――タクラマカンとヒマラヤ――』一九九三年一二月）と尹凡牟《ユン・ボムモ》先生が書いておられます。五人の息が合った最高の旅でした。

数日を走っても終わりが見えないタクラマカン砂漠の巨大さ。出会う先住民の素朴な生活。率

写真論――尹凡牟はアメリカに三年間滞在し、ニューヨーク近代美術館（MoMA）でアンリ・カルティエ＝ブレッソンの写真展を何度も見て影響を受けたことや、スーザン・ソンタグの『写真論（On Photography）』に共感していることをあげている。「写真を撮る行為は世界の構造を発見すること」述べている（前掲書、一一七ページ）。

絵画の再発見――それは「生きてうごめいている被写体が私のレンズを通して剥製化されているのではないかという不安を振り払うことができませんでした」（前掲書、一一七ページ）ということばにあらわれている。

チベット文化圏にあたる北インドのラダックでは仏教寺院を訪れた（著者と子どもたち）。ヨーロッパの若者が憧れの地でもある。後方右には、その若者が映っている。

直な人生。

踏破したのは、天山山脈の南の道と西域の南道の一部でした。シルクロードとはこんなにはてしなく道が続くものなのか。スケールの巨大さとゆったりとしたときの流れ。文化の伝来は時間をともない融合、成熟していくことを実感しました。

イスラム文化、仏教文化の源流、伝搬の道をたどる旅。そして、ヒマラヤの霊峰を仰ぎ見て進んだ旅行のピークはラダック*だったと思います。高山病に苦しまなければなりませんでしたが、「チベットの精神文化の高さ」を知りました。それは端的に子どもたちの瞳の輝きに現れていました。

「チベット文化圏のこのラダック

は、多くのことを考えさせた。西洋の若い友人たちに羨望の街であるラダック。経済情報が遅れて届いているが、しかし、精神生活は独自性と高いレベルを示している。（中略）しかし、ラダックも日増しに観光客が目立つようになり、いつ破壊されるか分からない。」「カシミール紛争、インドとパキスタンの間の不協和音などの理由で、私たちは頻繁に検問を受けなければならなかった。緊張の連続だった。軍人が王様だった。」尹凡牟先生のことばです（前掲書）。

終息を見せない争い。そのなかで人びとはどう生きてきたのか、生きていくのか。カシミール紛争の最中《さなか》、近くで銃声を聞きながら、首をすくめて生きていかざるを得ない人びと。過酷な紛争の地を通過するときの流れは、ことのほか長く感じました。

東西文化融合のトルコに魅せられて

一九九二年冬の旅では、旅の感想と作品が求められたのですが、わたしはトルコの文化に魅了されたことを書きました。一九九三年以降、わたしを虜にして離そうとしません。「トルコ人は連帯意識が強く、大トルコ主義という民族的自負心を実現した。」（尹凡牟《ユン・ボムモ》編著『ペルシャの三日月　シルクロード美術紀行』ハンギル社、一九九五年）と書き留めています。東洋文化圏と西洋文化圏の融合の地であるトルコ。二〇一八年も四回目のトルコ訪問をしました。

ゲルマン民族の大移動や騎馬民族のモンゴル民族の活動は、歴史的によく知られていますが、

ラダック――インドのジャムー・カシミール州高原地方のこと。ヒマラヤ山脈とカラコルム山脈に挟まれた地域。

わたしの関心は騎馬民族モンゴル民族でした。

「中央アジア、シベリア、ヨーロッパ南東部に至るまで、彼らの行進は続いた。彼らの元の宗教はシャーマニズムだった。移動する過程でイスラム化されても、イスラム世界を支配する勢力にまで拡張していった。彼らは騎馬民族の優れた戦闘能力を持って西アジア、北アフリカ、東ヨーロッパまで勢力を拡大しつつ一帯の共同の文化圏を形成した。」(前掲書) わたしは異なった文化圏が出合い、「共同の文化圏を形成した」ことに惹かれるのです。

尹凡牟先生が「なぜ*シルクロードか」のテーマで、シルクロードの歴史をひもとき、宗教や創り出された芸術作品、建造物について書いておられる。先生の思想的な幅の広さを十分感じさせます。「*シルクロード体験の共有化」が旅の目的と書かれています。

民主主義を希求するルネッサンス

「生きる」というテーマに出合ったのですが、一九九三年の旅はテーマ「生きる」に加えて、南北分断の現実を改めて考える契機になったのではないでしょうか。

東西文明が出合うトルコは連帯意識が強いからこそ、一方に偏するのではなく、東西文明を受け入れて十分に咀嚼して共同の文化圏を生み出した。このことに朝鮮半島の現状をどうしても照らし出されることになったからです。

中東、地中海の旅でまとめた書籍に収録した文章の最初に「エジプト、ヨルダン、シリア、イランを経て、私たち一行は、西*に向かって移動していた。さらに徐々に西欧文化圏に入る。」

（尹凡牟《ユン・ボムモ》編著『ペルシャの三日月　シルクロード美術紀行』ハンギル社、一九九五年）と書いていますが、この移動をゲルマン民族やモンゴル民族の大移動と重ねあわせました。シルクロードを逆にたどる旅はいよいよヨーロッパへ、中東をへてギリシャ、ローマに入り、そこにアルカイックな建造物と同居している街を目にしたとき絵筆が走り、スケッチ帳はいっぱいになったほどです。

「道の両側には、ローマ時代の石柱がまだ残っており、前途には丘となった土の山に見える。海につながったローマ時代のこの道は（中略）中心道路として夜遅く船が入港しても灯りをつけて明るく迎えることができたという。」

「なぜシルクロードか」――韓国語で一〇万字近くある長文だ。「一九世紀以来、大国のイデオロギーの戦いは、シルクロードをブロックしたが、二一世紀をひかえた今日の時点で、シルクロードは東西の和合を担った。平和の地に向かうために、それなりに与えてくれるものを持っている。シルクロードは、特に美術に重要な学習教材として浮上している。」

「シルクロード体験の共有化」――美術評論家として二一世紀を見据えた思想の深さが読み取れる。長文のなかから一部を引用する。「シルクロード文化の発祥地であった。有数の世界の古代文明がシルクロードの上で胎動した。黄河文明、インダス文明、メソポタミア文明、ギリシャ・ローマ文明、エジプト文明などがそうだ。……（今回の旅は）シルクロード体験の共有化にある。特に欧米先進国中心の風潮で第三世界の文化への視覚の拡大というもう一つの意図がある。」

西に向かって移動――「慶州（キョンジュ）からローマ」というのが、一九九二年冬の旅のコンセプトだった。「その時の救済であった。また、「列車の旅での旧世界横断が目標だった」（画集『シルクロード美術紀行展―タクラマカンとヒマラヤ―』一九九三年一二月）と、旅の主宰者尹凡牟（ユン・ボムモ）は書いている。「中国大陸を超えて旧ソ連地域を通過した。以降はトルコ、エジプト、ギリシャ、イタリア、フランス、スペイン、最終的にポルトガルのリスボンまで届く。太平洋の釜山（プサン）沖から始まった私たちの旅は、大西洋につながる大陸の端から端まで陸路で踏査する探索なのだ」と書いている。このスケールの大きさは何なのか。民衆美術を深めてきた尹凡牟の世界的視野をそこに見るだろう。

長期のスケッチの旅の報告書『ペルシャの三日月――シルクロード紀行』。著者も紀行文を寄せている。

二世紀に作られ、約二万四〇〇〇人を収容した劇場。演劇を公演したり、政府高官が議論を行ったということでした。三、四世紀には闘士とライオンが決闘を行う場所として使用したともいいます。

パドリアヌス神殿、浴場を訪れましたが、貧富の差に関係なく、誰でも集まる社交場となり、集まった人々は、そこで哲学、政治、ビジネスなどを議論したといわれます。

民主主義の目指す方向性がすでにギリシャ、ローマで行われていたことに、思い出したのは、レオナルド・ダ・ヴィンチ、ミケランジェロなどを輩出したルネサンスでした。民主主義の希求があったからでしょう。

抽象で描くわけ

一九八八九年の「祈り」のシリーズと、一九九三年に東亜ギャラリーで発表した作品の違いについてよく指摘されます。具象から抽象的になぜ変わったのか、と。

見たままの表現方法では、写真も発達していますし、コンピューター・グラフィックがあります。平面の絵画をもっと違ったかたちにしたいと思うわけです。写実よりもデフォルメしたり、省略したりする作品を描くことになったわけです。これは作家により異なりますが、昔と大きな違いを生んできたのが現代美術です。

一九九三年に東亜ギャラリーで二〇点ほど出品しました。前掲画集『シルクロード美術紀行展――タクラマカンとヒマラヤ――』には「シルクロードの牧童」(九一×一一六・七センチメートル)「シルクロードの女性たち」(六〇・六×七二・七センチメートル)「シルクロードの収穫」(六〇・六×七二・七センチメートル)の三点しか載っていませんが、後方に描いているのは天山山脈です。

ヒマラヤに抱かれた人びとの生活は想像を絶するほど厳しいものがあります。それでも力強く大地を踏みしめているし(「シルクロードの女性たち」)、収穫の喜びがあふれています(「シルクロードの収穫」)。

ここにはデフォルメすることで、素朴さと力強さを表したかったのですが、「シルクロードの女性たち」にしても「シルクロードの収穫」にしても、民族衣装が具象で描くよりも訴えかけるものが強いのではないでしょうか。

「シルクロードの牧童」では、草を食《は》む動物たちと牧童を描きました。背後の天山山脈は万年雪を抱いています。

同様の作品は、一九九五年九月二九日から一〇月四日まで東京の紀伊国屋画廊で開いた個展でも出品しました。

「この変節者が」

ロッテミュージアムのことは覚えておられるでしょうか。民衆陣営の画家がわたしを政治活動に誘ってきた話です。

わたしは一切無視を決め込んでロッテミュージアムの個展を終えたのですが、その後も彼からの誘いは続きました。しかし、やはり無視しました。

しかし、民衆芸術運動に背を向けていたわけではないのです。ソウルの大学路《テハンロ》で催される「光州《クアンジュ》民主抗争」に関する自主映画や民衆画家が関係した自主映画上映などにはよく顔を出しましたし、カンパもしてきました。ただ、韓国に住んでいて政治活動をしようとは思いませんでした。在日韓国人として韓国で生活していると限界があります。そのことは十分知っていました。

二度にわたるシルクロード紀行の誘いを受けたのは幸運以外にないでしょう。そのことが彼にも耳に入っているはずです。

わたしが徳山物産の社長になったころでしょうか。一九九九年でしたでしょうか。ある会合で彼と偶然顔を合わせました。いきなりこう話しかけてきました。

「わたしがいくら誘っても、無視してきた。どうしてか。朝鮮総聯から出た画家として、われわれ民主陣営の運動に顔を出したらどうですか」

そして、その次のことばは、ショックでした。

「この変節者が」

そのときのショックは言いようがないものです。〈在日に対する理解というのがこんな程度なんだ〉という思いと、純粋にものごとを見ていた自分に対する虚脱感がありました。韓国で絵筆を握り続ける意欲が一気に萎えました。

彼の誘いを断ってきたのは、わたしが軟弱なのかはわかりません。しかし、在日韓国人として韓国での政治的集会参加には限界があります。

彼は同じ民衆陣営の作家で海外でも活躍して、彼らから言わせれば批判の対象になる「資本主義的」美術家の大御所もいましたが、その方たちには何も言わないのです。

とどのつまりは、「このチョッパリが」でした。

「光州民主抗争」で抵抗を続け、民主化のために闘ってきた作家がいます。わたしたちは呉潤《オ・ユン》さん、申鶴澈《シン・ハクチュル》さん、洪成譚《ホン・ソンダム》さんの三人の作品に注目してきましたが、その一人、洪成譚さんは、市民美術学校を開設して版画を制作して「光州抗争連作版画」を発表しました。民族民衆美術全国連合の共同代表となり拷問被害者の作品など一九八九年の国家保安法で三年投獄されたなかで描いてきました。ほかにも彼にも比す作家がいます。

民衆陣営が作品として発表することは、素晴らしいと思います。わたしが政治集会に参加することは別です。「在日」としての思いは韓国の作家とは別なテーマになるでしょう。

わたしがたどりついた「祈り」にしても、「生きる」にしても、「在日」だからテーマとして絞り込んでいけたのです。

彼にとっては、在日韓国人作家が、政治集会に参加して、民衆美術陣営に加わらないことに我慢ならなかったのでしょう。

それからしばらくして同じ民衆美術の評論家であったに尹凡牟《ユン・ボムモ》先生にことの顛末を話しまし

韓国安山市の京畿道美術館で開かれた特別展「コリアン　デイアスポラ、遺産を超えて」で挨拶する著者。「世界に住むにコリアンの美術作品の共通するもの、差異性から、さらに深めたものを今回探し出したい」と述べた（2018 年１０月５日）

た。「もう画家生活はしません」と、断筆宣言をしたのです。

「在日」美術家への理解が深かった先生は、わたしの話をじっと聞いておられて、「残念だが、また筆を執ることがあるでしょう」と、逆に励ましていただいたのは、本当にありがたかった。

五〇歳くらいで社長は引退し、絵を描こうとどこかで思っていたところもありましたが、しかし、そのときの思いは本当でした。シルクロード、中東・地中海の旅で描いたスケッチはすべて焼き捨てました。

社会を見る視点、考え方の深まり

社長業を引退して、いま毎日のようにキャンバスに向かっていますが、いろんな世の中のありようを見てきました。何が嘘か真実かも見分けられるようになりました。ですから、純粋な気持ちで絵筆を握った時代とは異なります。

社長業で様々な人と出会ってきました。社会を見る視点、考え方も深まってきました。片寄った韓国観にも気付き、修正を余儀なくされてきました。南北で「トックの徳山」のトック、冷麺を拡めようと挑戦し、挫折した事業もありました。韓国食ブームがおき、食が思想を変える(コラム4参照)ことも経験し、そのベースを作ったのが「在日」が営営として工夫、改善してきた「在日」の食文化の積み重ねがありました。

しかし、南北の統一に少しでも寄与したいという気持ちは止むことはありません。

コラム 4

食は思想を変える　韓国食品のイメージが一新されたのは、韓国への理解が深まったことが一番大きい。それは韓(ハン)ドラブーム、韓流スターが導入になったと言われるが、日本文化「解禁」を決断した金大中(キム・デジュン)大統領の政策が大きい。

日本文化「解禁」は、一九九八年、小渕恵三首相と金大中大統領が署名した日韓パートナーシップをうたった日韓共同宣言(日韓共同宣言二一世紀に向けた新たな日韓パートナーシップ)に盛り込まれた時点に見出される。その前提は、過去を直視して日韓の未来を切り開こうとしたことだ。

いま、最悪の日韓関係だが、生野コリアタウンの賑(にぎわ)いは止むことはない。食は思想を根本的に変えるものだ。

韓国食を受け入れてきた日本は、これまでの日本の「対韓国」観とは大きく違っているように見えるが、政治が巻き起こす嵐にビクともしないところがある。それが食である。

共和国の名産品を早く味わいたいと、「開城（ケソン）の街の美しさとともに、コチュジャンの味が忘れられませんでした」と著者（洪聖翊〈ホン・ソンイク〉）は述べている。朝鮮の名品がいつの日か日本の食卓に並べば、韓国食品と同じく家庭の食卓で歓迎されることは間違いない。韓国食品がその土壌を育てたからだ。

共和国の理解も食から始まります。そのためには小渕恵三首相と金大中大統領がうたったようなパートナーシップが結ばれることだ。

ただ、食の理解は日本文化の「解禁」以降、韓国からやってきたものではない。戦後、差別され、偏見を持たれた在日朝鮮人が苦しい生活から、工夫に工夫に重ねて、焼肉文化を創り上げ、ホルモン料理をメニューに加えてきた。食卓に届けた背景に「在日」の戦後社会を生きてきた歴史がある。

たどれるクギを握り地道に描いた少年のころまで

かつて作家の若一光司さんのインタビューで答えたことがあります。「夢は」との問いにこう答えています。

「いつの日か、明るく楽しい絵を描きたい」（『サンケイ新聞』一九八七年八月一三日）

しかし、「楽しい絵」とは朝鮮半島が統一され民族差別が克服されたときに訪れるものです。

わたしがいま描いているものは、内面世界が反映したものです。内面世界の描写です。わたしの友人朴一南《パク・イルナム》さんが「心象リアリズム」と名付けた作品かもしれません。

いまの南北問題、社会情勢に問題意識を持って絵に描いていることは、昔もいまも変わりません。昔のような具象画ではありません。形態がちゃんとあってかたちがあるものではありませんが、それを考えさせる作品が描けたらいいのではないでしょうか。その作品に共鳴できる人が出てくれればいいと思います。

死に直面しながら描いてきたのは、やはり内面世界の正直な描写です。

再び絵を始めて、最初に試みたのは剥離した昔の作品の修理でした。そして同じものが描けると考えましたが、しかし、描けませんでした。試みた作品四点は破棄しました。最終的には、やはり内面世界の描写でした。

内面的にグッとくるものがないと絵は描けない。いま勝手に筆が動きます。描くことは楽しいし、面白い。

いま時系列を生野区の画廊でキャンバスに向かっている時点から逆にたどるなら、

再開した絵――内面世界の反映した作品の制作
一九八九年のロッテミュージアムの個展
一九八八年の大阪市内の初の個展
朝鮮学校の美術教師時代
一九八一年からの大阪市立美術研究所の修行の七年間
「漫画が描けるから」と入学した朝鮮大学での美術専攻
さらにさかのぼれば、釘をにぎり地道に絵を描いていた少年時代

ここまでさかのぼれます。

パリを訪れて著名な韓国人画家李応魯画伯（左）を訪ねた。右は妻の朴仁景画伯（1987年）。

絵、絵画が一本の幹となり、わたしの半生を貫いていた。いま、そういう思いを強くします。

この街で生きていく

大阪市の猪飼野で生まれ、育ち、いまもそこで生活しています。子どもも、孫もこの街で生きていかねばなりません。この街が故郷なんです。一本のもう一つの幹は、猪飼野で生まれ、これからも生きていくことです。

アボジは晩年に生野コリアタウンの活性化に精力を傾けました。さらなる活性化は遺言でもありました。わたしが二〇一九年九月に御幸通中央商店街会長に就任したのも、アボジから託された思いを少しでもはたしたい思いもありました。

二年の任期で、商店会の若い人に見聞を

御幸森神社秋祭りで繰り出した地車に乗る御幸通中央商店街会長の著者（地車中央で右を向く人物）― 2019 年 10 月 14 日、生野コリアタウンで。

広めてもらうよう努力するのがわたしの役目です。定期的な勉強会も開きたいです。違う分野の考え方を吸収して、新しいビジョンを身に付けて欲しいのです。

もう一つ幹をあげるならアボジ、オモニの故郷、済州道《チェジュド》の旧市内が往事の賑わいを取り戻すことができれば、と考えて、少しでも寄与したい。世話になったコモハルモニが住んでいた旧市街地健入洞《コンニッドン》が中心地としてあります。

人は過去から現代につながり、そして未来を切り開いていく。夢の続きは、四人の子どもたちが、五人の孫たちも切り開いてくれるに違いありません。

補遺

その１「オールドカマー」と「ニューカマー」

「オールドカマー」と「ニューカマー」の違い

「オールドカマー」「ニューカマー」という区分があります。戦前から住む「在日」を「オールドカマー」、戦後に日本に住みはじめた「在日」を「ニューカマー」とも言いますが、「ニューカマー」は一九八八年のソウルオリンピックの翌年、一九八九年に韓国政府が自由渡航を許可し、韓国から日本に住み始める人が増え、この人たちのことを特に「ニューカマー」と呼んだりします。

従来の「在日」の文化や生活圏と異なると区分したので「ニューカマー」ということばが生まれたのでしょう。

戦前から日本に住み始め、解放後（戦後）も朝鮮半島に帰れず、もう九〇歳をすぎる「在日」ハラボジ、ハルモニもいますし、「密航」で日本に来て、在留許可をえて、家族を支えるため懸命に毎日働いているアジュマ（おばんさん）、アジョシ（おじさん）もいます。

「密航」で日本に来た「ニューカマー」は、「オールドカマー」に雇われることで生活を立てていることが多いのですが、これらの人々を抱え込んでいるのが、猪飼野の在日のコミュニティともいえます。トックづくりのノウハウを伝えたアボジの母親、金良能《キム・ヤンヌン》は戦前日本に働きに来て、解放後すぐ済州島に帰り、済州四三《チェジュササン》から避難して。最後は猪飼野に来た方です。

金良能ハルモニを「ニューカマー」と言う人はいません。「ニューカマー」も何年と住むなかで、「オールドカマー」ではなく地域社会の一員となっていきます。

気質の違いについて

「オールドカマー」の在日一世は愛国心があり多額の寄付をしたりしてきました。朝鮮総聯系、韓国民団系ともそうでした。いずれも本国志向でした。

かつては在日朝鮮人六〇万人と言われましたが、いまは三〇万人台です。日本国籍をもつコリアンを数えると二〇〇万人を超えるでしょう。

「オールドカマー」と「ニューカマー」の違いを、雇い主と雇われる人と分けることがあるのですが、性格というか気質というのが正しいでしょうが、その気質の違いは「オールドカマー」と「ニューカマー」の違いを生んでいる。このことは、韓国に二〇年住んだからわかることです。

日本人は何か非が自分にあれば、「私が悪い」と、自らが引くことが多々あります。しかし、韓国では「オリバル、ネーミンダ」という言い方があって、オリバル（アヒル）が水をかくように、責任を押し付けるという意味です。「ネーミンダ」は押し付けるという意味です。それに対して、「モーリン、ムスン、オリバル　ネミロ」（なんで、人の責任にしているのか）とかの反論がある。

ただ、「責任を押し付ける」といっても、表面的に受け取ってはいけません。韓国人の性向を読み取らねばならないでしょう。「少々のことでは人に弱みを見せるな」「人に負けてはいけない」「長いものに負けるな」ということの表現とみるべきでしょう。

「オールドカマー」と「ニューカマー」には、価値観の違いがあります。昔は「オールドカマー」も朝鮮半島から働きにきていましたから、いま説明した「ニューカマー」のような性向もあったと思います。時代が進んで、三世、四世、さらには五世の時代になり、日本人化してきたことは否定できないでしょう。

ここに「オールドカマー」と「ニューカマー」の顕著な違いが出てきますよね。韓国の精神的価値観、性向がある――当然のことですが――ニューカマーとの違いは顕著です。日本に来て間がないですから、韓国での価値観が表に出るわけです。そこに「オールドカマー」との違いがはっきりとわかるのです。

ただ、時代背景が違います。日本の植民地支配の時代に異郷で生きてきた「オールドカマー」と、ビザなし渡航で日本に来た「ニューカマー」。独立した国、主権国家韓国から渡日した「ニューカマー」は、植民地支配で苦労した「オールドカマー」とは、行動も考え方も違ってくるのは当然です。

「在日」の選挙権行使について

「在日」も大統領選挙や総選挙での投票権を得るようになりました。そこでわかった「ニューカマー」と「オールドカマー」の違いです。

韓国の政治家は有権者の要望に応えないといけない。政治活動の重要な一つでしょう。「オールドカマー」の個々が本国（韓国、共和国）に要望するケースはほとんどないでしょう。朝鮮総聯、韓国民団が代行します。

しかし、「ニューカマー」でビジネスを日本でしている人はそうではない。日本に仕事を見つけてなんとか商売、企業を軌道に乗せたいから、「オールドカマー」とは違います。要望が具体的です。国策の支援金制度をよく知っており、韓国の出先機関に要望したりします。

一方、「オールドカマー」はそういう情報をほとんど知らないのです。知らなくてもいいのかもしれない。

韓国の政治家にとって無視できないのは有権者です。無視するわけにはゆかない。そこで何よりも「ニューカマー」に軸をおくことになるのではないでしょうか。

韓国人にしても、韓国政府にしてもなかなか「在日」に対する理解が深まらない背景はこんなところにもあると思います。「在日」が何を願っているのか、何が必要なのかが、なかなかつかめない。

「棄民」ということばがあります。在日韓国人は本国から顧みられない存在だという状況を表わしたことばです。「切れてつながる」と形容した方もいます。「棄民」は韓国からの在日韓国人への理解を端的に示したことばかもしれませんが、そうとばかりは言えない。在日韓国人から発したことばかはわかりません。

「切れてつながる」は「在日」の存在を深めた思考から生まれたことばです。

わたしは韓国政府に何か「在日」にしてもらいたい、ことは何もないのです。頼むことなら大阪市役所に出します。

ただ、国のためになることをやってもらいたい。例をあげれば、過去の歴史について日本人の理解を深める施設を建設するなりしてほしいのです。

「ニューカマー」と韓国政府、韓国の政治家の関係から、「在日」に焦点を当てることができるのは、韓国で企業人として生きて来たからだと思います。また韓国人と在日韓国人の価値観の違いが実感できたから、「ニューカマー」の企業人の姿が見えるのです。

「在日」が韓国の大統領選挙、総選挙の投票権を持つことで、韓国政府は「在日」を無視できなくなりました。大阪総領事がコリアタウンに来て住民と話し合いをもつこともやがて実現するでしょう。そういう条件が生まれてきました。

「棄民」ということばを死語にしたのは「在日」のパワーだと思います。

「トックの徳山」は猪飼野のコミュニティから生まれたのです。「オールドカマー」「ニューカマー」とともに作り出してきました。朝鮮食品作りを担うわたしの子ども、孫たちは、この地、日本でずっと生きていきます。しかし、「トックの徳山」の原点である、手押し車でトックを運んだハングリーさを失ってはなりません。

その2 「トックの徳山」の原点――手押し車にトックを乗せて

「トックの徳山」を生んだアボジのこと

ところで、「トックの徳山」のルーツとは何でしょうか。それは二人の女性、金良能《キム・ヤンヌン》ハルモニとわたしのオモニ康在順《カン・ジェス》であり、アボジは企業化まで高めた方です。

「チンパン（蒸しパン）」作りの名人と称されたオモニは、姑の「トックハルマン」からトック作りを学びました。二人の女性が「トックの徳山」の基礎を築いたのです。

アボジは時代の息吹に敏感な方でした。祭祀の簡素化でトックの売り上げが落ちてくると、すぐ対応しました。これまでは祭壇に供えるため、祖先のためならお金を惜しまない人が多かったのに、時代が変わってきた。「このままだとジリ貧だ」ということで、パッケージ詰めの完全自動化のトック機械を考えたのですが、考えても実行するのは別のことです。それができたことが、われわれきょうだい、孫たちへの最大の贈りものになりました。

伝統儀礼、慣習の簡素化については本書でふれましたので、繰り返しませんが、パッケージ詰めのトック導入は当時新聞報道もされました。それは巨額の予算がかかるからです。懸命にこれまで働いてきて、将来に備えて経済的に考えられたのでしょう。その点は尋ねたことはありませんが、いつも将来のことが念頭にあったことに間違いありません。

また真っ正直というか、曲がったことは大嫌いでした。生理的に受付けないのでしょう。わたしが「商売をうまく進めるためには、交渉相手にご馳走するのも大事です」と言うと、「そんなことするんか」と、まったく信じないのです。

実直そのもののアボジだからこそ、資金提供する人も出てきたのかもしれません。「ビル一つ建てるほどの費用がいりました」と新聞報道でコメントしていますが、よくそんな投資ができたものです。解放後に済州島《チェジュド》に帰り、小作人として生活していたことも聞きました。また猪飼野に来てからも、様々な仕事をしてきて、最終的に朝鮮餅作りにたどり着きました。

こうした苦労が、「どうしたらより良い生活ができるか。それも自分だけではなく朝鮮民族もそうだ」と考えるようになった。こうした思考の流れは、アボジの生き方によく現れています。なぜ、朝聯、朝鮮総聯の活動に懸命になったのか、です。自分のためだけではないでしょう。朝鮮民族のことが第一にあったことです。自分のことと、全体（朝鮮民族）の願いが一致した、ある意味では良き時代だったかもしれません。

「自分だけではなく朝鮮民族」という考えには、済州島での祖先崇拝があります。済州島朝天《チョチョン》面《ミョン》新川《シンチョン》里《リ》の先祖の墓を整備して、立派なものにしました。常に先祖への尊崇の念を忘れなかったことは、「在日」三世のわたしとは相当の違いがありますが、このアボジの思いが、企業経営の隠れた「原点」ではなかったでしょうか。

日本の歴史でよく引き合いに出されるのは、災害に苦しみ、将来のためにと、堅固な防波堤を作ったり、防風林を植えた指導者が、紹介されることがあります。いま生きている自分のことだけにとどまらず、将来を見越して自然災害に見舞われない地域作りに、懸命に取り組まれた歴史です。

いまから一六五年前の一八五四年の安政南海地震のことですが、和歌山県広川町で浜口梧陵《ごりょう》という豪商が、農作業で獲れた稲穂の束を燃やして住民を津波から避難させたことは有名です。浜口梧陵は地域を愛し先祖を敬《うやま》われた方です。危機に際する適切な対応は、どうすれば生き延びることがきるのかを、常に考えられたに違いありません。そのことが安政南海地震の津波被害を防ぐことに結びついたと思います。

アボジを浜口梧陵という偉人に比することなど、とてもできませんが、地域の活性化を願った一人でした。その背景にいま述べた祖先への限りない思いが、あったのだろうと思います。そうした未来を見据える思想が祖先崇拝にないといけないでしょう。

現在だけではなく、将来により良い生活、安全な生活をして、より良い学問を身につける行動に結びついていかないといけないでしょう。しかし、より良い生活とは、自分だけではないでしょう。地域社会にまで、視野に収めないといけないのは言うまでもありません。

班家食工房が建てられた背景

それが生野コリアタウンに二〇〇三年一一月二日にオープンした班家《パンガ》食工房です。生野コリアタウンを訪ねてくる子どもたちのために、安心してお茶などが飲める場所として建てたものです。子どもたちが訪れることほど地域に活力をもたらすものはありません。

一九八八年のソウルオリンピックから、子どもたちが生野コリアタウンを訪ねてくるようになりました。当初、アボジは徳山商店の二階を説明の場所にして、朝鮮人がなぜ日本に渡らねばならなかったのか、朝鮮の伝統食品などについて説明することが楽しかったようです。というのは、子どもたちが差別観念もなく、「純粋に朝鮮のこと、在日朝鮮人の歴史に興味を持ってくれることが嬉しかった」と語っていました。

しかし、徳山商店の狭い二階では、多くの子どもたちが入れないわけです。適切な場所を探していたら、朝銀大阪信用金庫組合桃谷出張所が競売に出されていて、さらにその裏の町工場跡地が売りに出されていました。桃谷出張所と町工場跡地を合わせた土地を購入して、班家食工房を建てることになったのです。「子どもたちに安心して説明する場所を確保したかった」というのが、班家食工房誕生のきっかけです。

赤字続きでしたが、これではいけないと、会社組織にして現在の班家食工房が運営されています。店頭では韓国食品を販売しており、奥は食堂になっています。二階はギャラリーで、画家の個展などの発表の場になればいいと思っています。いまは写真家姜萬保《カン・マンボ》さんの済州島の作品を常設展示しています。

アボジは亡くなる二日前まで、徳山商店の店頭に出ました。肺ガンの末期でした。呼吸が困難になるため、呼吸を助けるための補助器具をつけても辞めようとはしませんでした。

八〇歳で亡くなりました。アボジの遺体は霊柩車に乗り、生野コリアタウンをゆっくりと回りました。人々は頭《こうべ》を下げてアボジを見送っていただきました。アボジが生野コリアタウンでどんな足跡を刻んだのか、頭を下げる人々にその思いの深さを感じずにはおれません。

「トックハルマン」金良能のこと

「トックハルマン」と愛称があった金良能《キム・ヤンヌン》ハルモニの半生から述べましょう。

ハルモニは誰からトック作りを学んだのでしょうか。済州島《チェジュド》のコモハルモニ、浄光寺住職洪善《ホン・ソン》伊《ニ》ポサル（菩薩）から学びました。アボジのコモにあたる女性です。すでに述べましたが、わたしからすればコモハルモニになります。

わたしからいえば、ハラボジ、ハルモニに当たる洪礼児《ホン・エア》、金良能夫婦の生活を助けてくれたのが、その洪善伊コモハルモニであり、コモハルモニの寺で家事を手伝うなかで、金良能ハルモニは、トックなどの作り方を学びました。

つまり朝鮮餅のノウハウは洪善伊コモハルモニが伝授したのですが、寺の法事などで色々信者の方に振舞う機会が多い。その手伝いをしたのではないでしょうか。冷麺ですが、寺の信者に提供したのが始まりとされていますから、寺は食のルーツでもあるんです。

洪善伊コモハルモニも、先代住職に修行するなかで学ばれてきたのでしょう。済州島で伝来してきた朝鮮餅は各家庭のほか、人びとが集う寺にも伝ってきたんです。時代は前後しますが、金良能ハルモニは一五、六歳の頃、一九二〇年代に箕島の紡績工場で働いています。済州島と大阪を結ぶ定期航路「君が代丸」に乗り大阪港につき、和歌山県の箕島に向かったのは間違いな

御幸通中央商店街の徳山商店店頭で朝鮮餅の販売する著者の康在順オモニ（1970 年代後半撮影）

いでしょう。済州島の女性は海女で四国などに出稼ぎをするか、紡績工場で働き家計を助けたのです。

朝鮮人の渡日は、一九一〇年の「韓国併合」前から記録されていて、九州の炭鉱であったり、鉄道敷設の土木工事であったりしましたが、済州島人では、海女の仕事で働きに来た女性が最初とされています。

済州島朝天《チョチョン》面《ミョン》新川《シンチョン》里《リ》出身の洪礼児《ホン・エア》と出会うのがどこかわかりませんが、アボジが箕島で生まれているので、箕島で新婚生活をスタートさせたとも言えます。

ただ洪礼児ハラボジは、日雇い労働で生活を立ててきた方です。箕島に長く住んでいたとは考えられません。各地の土木工事が主な仕事でしたから、箕島に長く留まることはなかったでしょう。

洪礼児ハラボジは生活が荒れた、というアボジの証言もあります。第一章で紹介した高賛侑《コウ・チャニュウ》さんの本でアボジがこう語っています。

「刹那的に生きてきた父親としては、酒を飲んで憂さを晴らしたり、賭博をやったりで、子どもからすれば、父親に対する憎しみと、母親に対するいたわりが、心のなかに巣くっていました」

アボジの女性観が、この時代に育まれたのかもしれません。

第一章でアボジが二・七事件で検挙された、三週間の取り調べを受けて、やっと釈放されたことを書きました。アボジは母親の姿を見ました。ロウソクの火をともして一生懸命拝んでいたのです。

これは母親として当たり前のように思いますが、それを目の当たりにしたアボジはどんな印象を持ったでしょうか。

人の心の刻印は、すぐ様消え去るものではありません。遅れて甦るものです。反芻するものです。アボジの母親への想いを支えたものではないでしょうか。

金良能ハルモニの半生

箕島から大阪に移った詳しい年代はわかりませんが、夫の洪礼児《ホン・エア》ハラボジの収入だけでは生活もままならないことから、金良能《キム・ヤンヌン》ハルモニは紙クズ拾いをしたり、アボジは新聞配達をしたりしました。しかし、生活がいっこうに楽にはならなかったようです。

一九四五年三月一三日には大阪大空襲があり、アボジ家族は借家住まいを焼け出され、新潟に疎開しました。大阪大空襲は八度あり、日本人の犠牲者は一万五千人以上を超えています。朝鮮人も多数の方が亡くなったものの、犠牲者の詳細は一切不明なままです。

アボジ家族は、新潟県新井町で解放を迎えました。当時、日本には二〇〇万人を超える朝鮮人がいましたが、多くは朝鮮半島に帰りました。洪礼児ハラボジは新潟に残りましたが、金良能ハルモニは長男のアボジ、二男の佑杓《ウピョ》、三男の万杓《マンピョ》を連れて済州島《チェジュド》に戻りました。ところが済州四三《チェジュササン》がおき、済州島を離れなくてはならない状況に追い込まれたわけです。

アボジは済州四三から逃れて、新潟で父親と住むようになりましたが、ハルモニはどのようなルートで日本に渡ったのか、その詳細はわかりません。

ハルモニはアボジが生活をする猪飼野に住みついたのです。新潟の夫の洪礼児ハラボジとは別々に住んだことになります。

金良能ハルモニはわたしらきょうだいに、洪礼児ハラボジが住む新潟に夏休みなどに遊びに行くように勧めました。一週間くらいはハラボジの家にいました。

大阪のど真ん中の猪飼野とは違い自然が豊かな地ですから、川で魚を捕ったり、セミを追いかけたりした思い出が残っています。自然環境に恵まれていることは、人を解放的な気分にするものです。

済州四三から避難してやらねばならなかったのは、外国人登録証明の手続きでした。公的な書類で、身分証明は夫の洪礼児ハラボジと同じく米穀通帳が保管されていたので問題なかったのですが、日本国籍時代にはなかった「強制退去」規定は、ここでふれておく必要があります。

「在日」についてまわった「強制退去」は、日韓政府の「協定永住権」協定の一九六五年まで、頭の片隅にのしかかった圧迫でした。そうしたなかで、金良能ハルモニはひたすら子育てと、生活を支えるため懸命に働いた結果が、「トックハルマン」の愛称を得たのだと思います。

わたしの親類にも、強制退去命令を受けた人がいます。済州島に解放後帰り、再び日本に入って生活していたのですが、外国人登録証を持っていなかったからです。わたしは強制退去の法律が、心理的圧迫になったことはありませんが、強制退去の規定は在日朝鮮人を抑えつける「切り札」となりました。

韓清玉ウエハルモニのこと

わたしの親族のなかで最も早く猪飼野に住み始めたのは、オモニの母親韓清玉《ハン・チョンオク》ウエハルモニです。夫亡きあと、一人娘のオモニを残して大阪に渡りました。

塩の販売をしていましたが、ピダンチャンサ（絹の販売）の仕事もしていました。「ヘニョチエイル」（海女名人）とも呼ばれていた方です。おそらく海女の仕事もしていたのでしょう。

済州島《チェジュド》で大人も持てなかった石を高々と持ちあげたという逸話がある女性でした。

村の真ん中に雨風であらわれて丸くなった岩があり、力自慢の大人たちが、「この岩を持ちあげられるのは誰か」と競ったものです。そこへ小柄な女性が現れて、軽々と抱え持ちあげたというのです。おそらく一〇歳代半ばだったと思います。驚いたのは大人たちでした。その女性が韓清玉ハルモニでした。

オモニが済州島から猪飼野に来たときには、すでに再婚していた韓清玉ハルモニがいました。表通りの御幸通中央商店街に店を出していました。表通りで店を出すには、経済力がないと無理です。

アボジ、オモニは表通りの南側の細い路地に面した自宅で薪《まき》のボイラーを設けて仕事をしていましたが、そこで店を構えることが目標でした。

韓清玉ウエハルモニはそういう意味では、オモニを済州島から呼び寄せられる経済力があったということです。

それも、オモニは済州《チェジュ》四三からの避難を二回も試みました。相当のお金が必要だったと思います。経済力がなければ、避難舟を頼むのも難しかったでしょう。またオモニを育ててくれたハラボジ、ハルモニもよく送り出してくれたと思います。

オモニの原点

トック、シリトクなど朝鮮餅を手押し車に積んで、朝鮮市場の路上や鶴橋駅前の国際市場の露店販売を続けてきたのが、「トックの徳山」の原点です。金良能《キム・ヤンヌン》ハルモニはトック、シリトクを作り、オモニはチンパン（蒸しパン）づくりが得意でした。

南の狭い路地から表通りに引っ越したのが一九六四年。間口一間の小さな店での製造、販売は五年間でした。東隣りの原外科が移り、そこに店を構えたのです。現在の生野コリアタウンの御幸森中央商店街にある徳山商店では、子どもが次々と生まれて、子育てをしながらの五年間でした。

近所は済州島《チェジュド》出身の人が多く、何かと子育てなど支えてくれる人がいたでしょうが、それにしても姑《しゅうとめ》、新しい父になるアボジ、そして済州島から猪飼野に呼んでくれたオモニ、猪飼野にきて出会った弟、妹たち。同居しなくても大変だったでしょう。

「不平不満など言っている暇などなかったわ。苦労しても、それは自分に返って来る。ええように。何ごともびっくりせんでええ。商売でうまいこといかなんでも、またうまくいく。そうしてやってきた」

朝鮮餅作りは、商売は同じことを毎日やっているようで、日々進化なんです。オモニが店頭に立ち続けた姿勢から学びます。楽天的な人生観のようですが、それは経験に裏付けられているようです。

もう一つの「トックの徳山」の原点

オモニには最初となる店の思い出もあるし、思い入れもありました。またトックの販売が軌道に乗った運気が感じられた場所でしたから、離れたくなかったかもしれません。

しかし、原外科の用地購入代は「頼もし」や貯金を加えても足らず、オモニの思い出の店は手放す（売却）ことになリました。

しかし、五年間の小さな店は、「トックの徳山」のもう一つの原点です。トックや蒸しパンを買い求める人が列をなして並びました。誠実に商売すれば、異郷の地でも生活できるという確信のようなものを手に入れたことは確実でしょう。

もう一つ、「トックの徳山」を語るのに。済州島の伝統的な食文化が、受け入れられたことを欠かすわけにはゆきません。

正月（旧正月）に食べる伝統料理がトックですが、トックを作るためにはチンツキという作業をしなくてはなりません。アボジはこのチンツキに注目しました。米屋に持っていって餅にしてもらうのですが、これをチンツキと言います。ところが日本人の米屋では分量が減るのではという不信感があり、自分の家で一晩餅米をつけて、徳山商店まで持ってくるわけです。アボジが杵でついて丸めて餅を仕上げたわけです。盛況で、何人も列を作ったそうです。

トックの作り方

トックの製造は、現在では無菌室に入る前にエアシャワーで消毒した作業員が手袋、マスク、帽子を装着、完全自動化で完全密封したトックを生産していますが、創業当時から様々に変遷してきました。

まず、米を水に六時間ほどつけることから始まります。水を切って製粉機で粉にするのですが、トックを作り始めたころには、近くの三宅製粉に頼んでいました。一九六四年に生野コリアタウンで店舗を構えてからは、自家製の製粉機を導入しました。米の粉の量は尋常ではありませんでした。部屋中に白い粉が飛んで作業帽、作業着、顔までも真っ白けです。親の苦労もわからず、わたしはこの手伝いは一番嫌でした。

製粉後は水で攪拌《かくはん》して団子状にします。これを蒸篭に入れて蒸して、整形機に入れて練られたトックを並べて一日ほど乾燥させます。作業するおばちゃんらがマルバン（板間）で棒状になったトックを切断しました。五〇〇グラムと一キロの二種類あり、手作業でビニール袋に入れて完成させました。

米を蒸すわけですから、作業場は高温多湿です。汗だくです。朝六時くらいから四、五時間ほどの作業でした。よく手伝いをさせられました。小さい頃はトック詰めの手伝いをしました。

これが当初の製造過程でした。さらに練り出し切り機という機械を購入して、機械化によるトック作りをはじめました。餅を切る切断機はアボジが考案して、機械化がどんどん進んだわけです。練りだし機、切断機からさらに、完全自動化ラインでトックを完成させて、世に送り出すまでになったのです。

シリトクは米を粉にするところまではトックと同じです。シリトク用の蒸篭は麻布が一番下にあります。小豆を最初に敷くのですが、こしあんにしたものです。それに黄色い砂糖、練った米の粉を敷いていく。これが一段目です。だいたい七段ぐらいまで同じ作業をして蒸すんです。法事用として当初はよく売れました。それが祭祀の簡素化で七段、八段のシリトクなど売れなくなったわけです。

家にはボイラーがあって、薪をくべてチンパン作りをしました。パンにイースト菌を入れるのはアボジの役目でした。子どものころの記憶ですが、手つき鮮やかにパンを丸めて、木箱に入れていきました。ボイラーの熱がすごいんです。部屋は何度くらいあったでしょうか。汗は額から吹き出るは、シャツはビショビショです。オモニをはじめ作業する者は全員汗だくでした。幼いころの記憶は鮮明です。

アボジが率先して作業を進めていた記憶が残っています。それはまるでオートメーションのように流れ作業をこなしていきました。美味しいパン作りは済州島《チェジュド》から伝わった宝物でした。アボジはいつも機械化について考えていたのでしょう。また、こんな作業環境の悪いパン作りを改善したいと思っていたのでしょう。やがて機械化するのですが、手作りの苦労を経験したからこそ、「なんとか状況を変えたい」「何とかして信頼を得る餅作りをしたい」という思いが強かったのだと思います。

一連の作業を終えると、すぐに朝鮮総聯の活動に走っていきました。専従で、教育問題に取り組んでいました。

ほかに作った餅はいろいろあります。中秋のときに供えたソンピョン（松餅）は、上新粉（米を粉にしたもの）で作った餅にあんこが入っているものです。よもぎのソンピョンというのも作りました。チャリトクという餅米で作ったきな粉餅もありました。ぶんど豆を入れた餅もありました。チャプサリとは餅米のことです。餅米の音をとりチャリトクと呼びました。餅米だけで作ったシリトクもありました。これも作りました。

こうしたバラエティーに富んだ餅作りができたのは、金良能《キム・ヤンヌン》ハルモニ、オモニのおかげです。日本でもそうですが、昔は家で食べる物は自分たちで作ったものです。コチュジャン、胡麻の葉の醤油付け、味噌などそうです。朝鮮餅もそうでした。先祖から伝来した食作りが、金良能、オモニに受け継がれてきたことが、いまに結びついているのです。

あとがき

洪性翊さんから突然電話を受けたのは、昨年二月末のことでした。

「川瀬さん、もうあかんかもわからん。ガンを宣告された。ショックや」

「そんな、あほな。大丈夫やで」

こんな会話がしばらく続いたあと、彼はこう提案しました。

「ガンになったので、この機会に自分の六〇年の人生を振り返りたい。その聞き手役になってくれませんか」

急な話なので戸惑いました。人の半生をまとめるなどしたことがないからです。要するに自信がなかったのです。

洪性翊さんの絵画の世界は知っていました。在日朝鮮人で二人目になる安井賞を入選した画家であり、朝鮮虎に抱かれた少女の像、少女の背後で舞うハトは朝鮮半島の平和を祈った作品であり、強烈な印象を受けました。

しかし、(株)徳山物産を隆盛にした企業人としての彼はまったく知りません。どうしたらいいのか。一刻も猶予がない印象を受けましたので、数日後、「では、やりましょうか」と返事をしました。その年の三月のことです。

こうしてガン治療を受ける彼を前にして、少年時代から現在に至るまで、いろいろなことを聞きました。しかし、これが簡単ではありませんでした。私が知っていたのは、彼の人生の〇・〇一パーセントもありませんでした。当たり前のことです。そう簡単に人の半生がわかるはずありません。

それと、聞くたびに話の内容が深まっていきましたから、「ここらあたりでいい」とは、なかなかなりませんでした。インタビューは本の刊行直前の一〇月下旬まで続いたのですから、綱渡りでした。

話の深まりでわかってきたのは、絵筆を握ることを止めた「断筆」の覚悟のほどです。この一〇月のインタビューで鮮明になりました。美術評論家尹凡牟さんの尽力で実現したシルクロードの旅は、膨大なスケッチを残しましたが、「断筆」の意志を固めると、「すべてを廃棄した」と語りました。画家というのは、そういう覚悟を持って生きていることに驚きました。

「断筆」の原因は、尹凡牟さんと同じ民衆運動の人との関係だっただけに、彼は苦しかったと思います。民衆陣営から見た「在日」の画家への期待感が、実は「在日」への理解をベースにしていない部分が現れたのではないかと思いました。

企業人として（株）徳山物産社長に就任するのですが、とても順調ではなかったことも、重ねてきたインタビューでわかりました。韓国で始めたトック製造が最初の段階で躓いたことなど知りませんでした。相当に追い込まれ、生きた心地がなかった時期ではなかったか、と思います。

しかし、運のある方で、その後のトック製造は順調であり、冷麺工場も稼働、北（朝鮮民主主義人民共和国）に冷麺工場建設まで進むことになったのですが、大陸間弾道弾ミサイル実験の国連制裁と韓国が保守政権に変わることで、建設は挫折しました。

日韓朝の三国を行き来した画家にして起業家は、彼以外に知りません。朝鮮学校で朝鮮語を身につけなければ、できなかったことです。単に朝鮮語が堪能になったことだけではないでしょう。大阪市生野区、在日朝鮮人が多く住む旧猪飼野で育ったことは運命的なものです。運命とは、自分で選ぶことができない、人生のスタートでの原点になるからです。

そこで、社会的差別を跳ね返す精神的な芯のようなものが自然に身についた。それが、絵画作品にも事業展開にも影響を与えてきたと思います。

洪性翊さんがガン治療を始めたころとまったく違ってきたことがあります。絵画制作に対する意欲です。「この本には最新作の作品をグラビアの一点として掲載します」という約束で聞き取りを始めました。すると、体調も良くなかったのか、とても自信なさげでした。それが刊行前にして、「三点は入れてほしい」と変わってきました。

最終的に本書の構成上の関係で二作品になりましたが、聞き取りをした最初の段階とは雲泥の差です。「心象を描く」という絵画の世界に出会ったんだと思います。

二〇年もキャンバスに向かっていなかったのです。最初は手探りだったようでした。過去の作品から何らかのヒントを得ようとしたのでしょう。新たに描いた何点かの作品は破棄されたようです。二〇年のブランクを取り戻す何らかのヒントは得られなかった。

そこでたどり着いたのが、心のなかの世界を表出する「心象リアリズム」（洪性翊さんの友人の画家朴一南さんが命名した概念）という表現方法だったのかもしれません。

同じテーマで描いた作品がアトリエで一〇点以上完成しています。彼の心象の違いが顕著です。「絵は正直だ」と彼は言いましたが、絵に真っ正面に向き合うということでしょう。

幸いにもガンは再発せずにきました。絵筆を握り始めて二年たとうとしています。これからどんどん作品を創り出していただきたいし、生野コリアタウンをさらに隆盛にするため尽力していただきたい。なお写真は一二九ページ（産経新聞）、一四一ページ（朝鮮日報）以外はすべて著者提供になります。

本の刊行では、画家金石出さん、金英淑さんにいろいろ教えていただき、企業経営については、徳山物産顧問でソウル在住の金雄洙さんに資料面での提供を受けました。本の編集では北川幸さん、南浦邦仁さん、三室勇さん、金吉浩さん、絵画作品等の掲載については、本の装丁を担っていただいたデザイナー林眞理子さんにお世話になりました。末尾ながら感謝申し上げます。

二〇一九年一一月二五日

川瀬俊治

どや、どや、どや

絵のみち食のみち奮闘記

二〇一九年一二月二〇日　初版第一刷発行

著者――――洪 性 翊
聞き手――――川瀬俊治
発行者――――稲川博久
発行所――――東方出版株式会社
〒五四三―〇〇六二　大阪市天王寺区逢阪二―三―二
電話〇六―六七七九―九五七一／ＦＡＸ〇六―六七七九―九五七三
印刷――――株式会社国際印刷出版研究所
装丁――――林眞理子

ISBN978-4-86249-381-1 C0023
乱丁落丁本はお取り換えいたします。

［著者紹介］**洪 性 翊**　ホン・ソンイク
一九五六年、朝鮮人多住地域の大阪市生野区の旧猪飼野で生まれ育つ。大阪市内の朝鮮初級、中級、高級学校を卒業後、朝鮮大学師範教育部美術科を卒業、教員生活を経て、大阪市立美術研究所を修了、八七年に「外国」籍作家では初めて太平洋美術展で太平洋美術会賞、八八年文部大臣賞を受賞、八九年には韓国ソウル市のロッテミュージアムに招聘されて個展開催、九〇年には安井賞入賞。九八年から二〇〇七年まで（株）徳山物産代表取締役、現在会長。この間、大韓民国でトック、冷麺、海苔の製造に当たったほか、朝鮮民主主義人民共和国でも冷麺工場建設を計画してきた。絵画制作は九九年に断念したが、二〇〇八年から二〇年の沈黙を破り再開している。

［聞き手］**川瀬俊治**　かわせ・しゅんじ
一九四七年、三重県伊賀市出身。奈良新聞記者をへて九九年まで解放出版社職員、現在フリー、立命館大学コリア研究センター客員研究員。著述に「セウォル号沈没事故と原発輸出」（『現代思想』二〇一八年八月号）、編書に『琉球独立は可能か』（解放出版社）、『武器よさらば　地球温暖化の危機と憲法九条』（東方出版）、聞き手に『朝鮮半島　未来を読む　文在寅・金正恩・トランプ　非核化実現へ』（東方出版）など。